PROBLEM-SOLVING
SKILLS

A.I보다 창의적인

문제해결능력

금진호 · 김만석 · 김형미 · 최은주 · 박일순 · 서현경 · 최혜경 공저

수양재

머리말

우리가 살아가는 세상은 문제를 해결해 나가는 시간의 연속이라고 해도 과언은 아니다. 그러나 이러한 문제를 해결해 나가는 과정 속에서 보람을 찾고 우리의 삶을 역동적으로 만들어 나가는 원동력이 되는 것도 또한 사실이다.

세익스피어의 "죽느냐 사느냐 이것이 문제로다" 라는 말은 문제의 심각성을 표현한 것이라 볼 수 있는데 "문제"라는 말은 영어에서 여러가지 형태의 단어로 표현된다. 즉, 'problem(다루거나 이해하기 힘든 문제)', 'trouble(골치 아프거나 곤란한 문제)', 'matters(심각한 상황에 처한 사태)' 등이다. 그러나 문제의 원래 어원은 이러한 부정적인 뜻보다는 우리 앞에 "던져진 그 무엇" 즉 해결 결과에 따라 우리에게 큰 유익이 될 수 있는 어떠한 상태를 의미한다. 우리가 대학생활을 하면서 마주하는 여러가지 과제 취업 그리고 나의 미래에 놓여진 여러가지 문제를 놓고 고민하면서 이를 해결하기 위해 노력하며 애를 쓴다.

이러한 개인적인 문제뿐만 아니라 사회나 기업을 운영해 나가는데도 매 순간마다 수많은 유형의 문제를 해결하기 위한 현실에 직면한다. 별 어려움 없이 곧바로 해결되는 문제가 있는가 하면 다양한 방법을 동원하고 시간을 투자해도 잘 풀리지 않는 심각한 문제들이 있다. 어떠한 형태의 문제이든 해결하지 못하면 앞으로 나아가지 못하고 정체하게 된다.

이 책에서 마주하게 될 '문제'란 "명확한 해결 방안이 보이지 않는 바람직하지 않은 상태"라고 말할 수 있으며. 또한 "기대하는 수준과 현실에 놓여진 수준의 차이"라고도 정의할 수 있다. 우리가 앞으로 사회에 나아가 직장이나 기업에서 마주하게 될 현실은 문제를 해결해야만 하는 연속적인 과정이며, 이러한 문제해결의 결과에 따라 개인이나 기업의 경쟁력이 좌우되기 때문에 문제를 해결할 수 있는 능력을 갖추는 것이야 말로 중요한 핵심과제라고 말할 수 있다.

특히 기업 활동에서 필요로 하는 문제해결 능력이란 다양한 상황 속에 놓여있는 문제를 찾아서 분석하고 이를 해결하기 위한 방법을 찾아 새로운 기회를 만들어내는 창의적인 해결능력을 의미한다. 흔히 창의적인 문제해결 능력이란 경영자나 관리자들만이 갖추어야 할 능력이라 생각하기 쉬운데 이는 잘못된 생각이다. 급변하는 경영환경 속에서 기업들이 생존하고 발전하기 위해서는 그 기업의 구성원들이 가지고 있는 창의적인 문제해결 능력이야말로 필수적으로 갖추어야 할 중요한 조건이다.

본 교재는 NCS 직업기초능력 중 문제해결능력 학습 부문의 중요 핵심 내용을 다루고 있으며 금번에 주요내용 중 일부를 개편, 보완하여 출판하게 되었다. 많은 대학생과 청년들이 이 교재를 통해 본인에게 필요한 직업기초능력 훈련 과정 중 문제해결능력을 더 수준높게 배양하여 사회가 필요로 하는 창의적인 인재가 되길 바란다.

2023년 8월

저자 일동

활용안내

개 요

직업기초능력 10가지 중 하나인 문제해결능력은 업무 수행 중 문제 상황이 발생하였을 경우 창의적이고 논리적인 사고를 통하여 이를 올바르게 인식하고 적절히 해결하는 능력을 의미한다. 이에 따라 직업기초능력으로서의 문제해결능력은 사고력과 문제처리능력으로 구분될 수 있다. 직장생활에서 발생한 문제를 인식하고 해결하기 위해서 창의적 · 논리적 · 비판적인 사고력, 직장생활에서 발생한 문제의 특성을 파악하고, 대안을 제시하며 적절한 대안을 선택 · 적용하고, 그 결과를 평가하여 피드백하는 문제처리능력으로 구성되어 있다.

최근 직업기초능력으로서 문제해결능력의 중요성은 점차 확산되고 있으나 많은 대학교나 기업에서 학생들이 손쉽게 자신의 문제해결능력을 배양하거나 습득하기가 쉽지 않다. 따라서 이 교재는 모든 직업인에게 공통적으로 요구되는 문제해결능력을 대학생 스스로 자기 주도적이고 체험 중심으로 자신의 문제해결능력을 진단하고 학습하는 것을 목적으로 구성되었다.

구 성

문제해결능력은 크게 활용안내, 사전평가, 학습모듈, 사후평가, 학습평가 정답, 참고자료로 구성되어 있다.

활용안내는 교재의 전체적인 개요와 구성을 설명하고, 학습자에게 교재의 효과적인 활용방법 및 학습방법을 안내하는 역할을 한다. 사전평가는 학습모듈을 학습하기 전에 의사소통능력에 대한 학습자의 현재 수준을 진단하고, 학습자에게 필요한 학습활동을 안내하는 역할을 한다.

학습모듈은 직업기초능력으로서의 문제해결능력에 대한 학습모듈과 문제해결능력을 구성하는 각 하위능력에 대한 학습모듈로 구성되어 있다. 문제해결능력 학습모듈은 직업기초능력으로서 문제해결능력을 향상시키기 위한 학습내용이 제시되어 있다. 하위능력별 학습모듈은 사고력 학습에 대한 것과 문제처리능력 학습에 대한 것이다.

각 학습모듈은 학습목표, 주요용어, 학습활동, 학습정리로 구성되어 있다. 학습목표에는 각 학습모듈의 일반목표와 세부목표가 제시되어 있으며, 주요용어에는 각 학습모듈에 사용되는 중요한 용어(keyword)가 제시되어 있다.

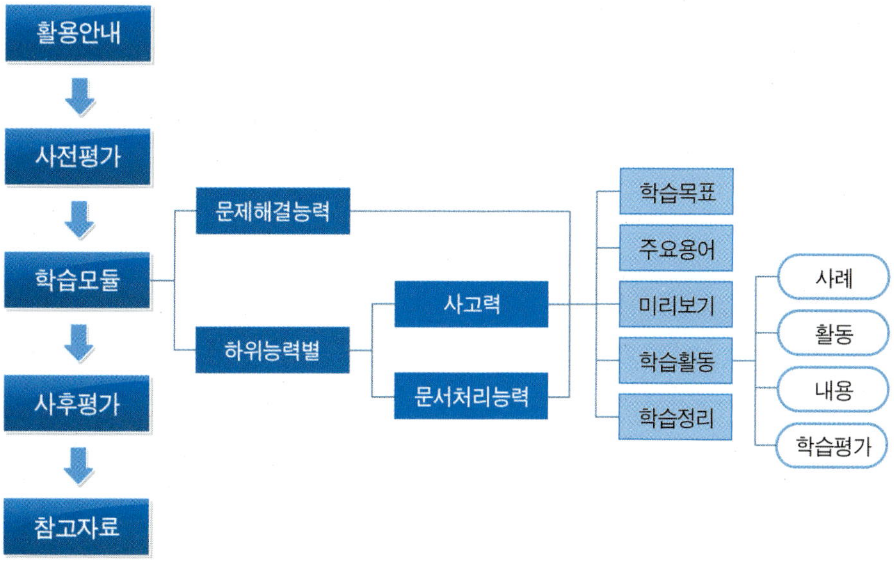

학습활동은 기본 학습활동, 보충 학습활동 혹은 심화 학습활동으로 구분된다. 기본 학습활동이란 기초를 의미하는 것이 아니라 직업기초능력으로서의 문제해결능력표준에 제시된 기본 문제해결능력을 습득하는 데 유용한 필수적인 학습을 의미한다. 보충 학습활동이란 기본 학습활동을 이수하는 데 어려움을 느끼는 학습자를 위한 보충적인 것으로 보다 기초적인 내용이다. 심화 학습활동이란 기본 학습활동을 이미 이해하고 있거나 기본 학습활동을 통해서 보다 심화된 것을 학습하고자 하는 학습자를 위한 것인데, 보충 학습활동과 마찬가지로 필요하다고 판단된 경우에만 제시된다. 따라서 기본 학습활동을 중심으로 학습하고, 보충 학습활동이나 심화 학습활동은 학습자에 따라 선택적으로 학습하면 된다.

각 학습활동은 사례, 활동, 내용, 학습평가로 구성되어 있다. 사례에는 직업생활 중 해당 학습활동과 관련된 다양한 사례가 제시되어 있고, 활동에는 학습자 스스로 생각해 보고 자신의 의견을 정리해 볼 수 있는 활동들이 제시되어 있다. 내용에는 해당 학습활동과 관련이 있는 관계지식 및 내용이 제시되어 있으며, 학습평가에는 해당 학습활동의 성취수준을 파악할 수 있는 문항이 제시되어 있다. 학습정리에는 각 학습모듈의 주요 내용이 정리되어 제시되어 있다.

사후평가에는 모든 학습모듈에 대한 학습을 마친 후 학습자들이 성취수준을 평가하고, 부족한 부분을 피드백 받을 수 있도록 하기 위한 체크리스트가 제시되어 있다.

체크리스트

다음은 모든 직업인에게 일반적으로 요구되는 문제해결능력 수준을 스스로 알아볼 수 있는 체크리스트이다. 본인의 평소 행동을 잘 생각해 보고, 행동과 일치하는 것에 체크해 보자.

문항	그렇지 않은 편이다	그저 그렇다	그런 편이다
1. 나는 업무를 수행하는 동안 발생한 문제의 핵심을 파악한다.	1	2	3
2. 나는 업무를 수행하는 동안 발생한 문제의 해결방법을 알고 있다.	1	2	3
3. 나는 향후에 발생할지도 모르는 문제를 미리 예견하여 대비책을 세운다.	1	2	3
4. 나는 현재 당면한 문제를 세부적으로 분석하여 해결방법을 찾는다.	1	2	3
5. 나는 문제가 발생했을 때, 새로운 관점에서 해결책을 찾는다.	1	2	3
6. 나는 문제를 해결하는 데 장애가 되는 요소들을 사전에 제거한다.	1	2	3
7. 나는 문제를 해결하기 위한 다양한 아이디어를 많이 생각해 낸다.	1	2	3
8. 나는 문제를 해결하기 위한 독창적인 아이디어를 많이 제시한다.	1	2	3
9. 나는 문제를 해결하기 위해 다듬어지지 않은 아이디어를 분석하고 종합한다.	1	2	3
10. 나는 상대의 논리를 구조화하여 개선점을 찾는다.	1	2	3
11. 나는 상사의 지시를 무조건적으로 수용하지 않고 비판적으로 생각한다.	1	2	3
12. 나는 제시된 아이디어를 평가하는 데 자신의 의견을 적극적으로 표현한다.	1	2	3
13. 나는 문제가 발생하였을 때 문제의 결과를 미리 예측한다.	1	2	3
14. 나는 문제가 발생하였을 때 주변 환경을 잘 분석한다.	1	2	3
15. 나는 발생한 문제 중에서 우선순위를 잘 고려해서 먼저 해결해야 하는 문제를 잘 찾아낸다.	1	2	3
16. 나는 문제해결을 위해 제시된 대안을 논리적으로 검토한다.	1	2	3
17. 나는 문제를 해결하기 위한 대안이 실제로 실현 가능한지 고려한다.	1	2	3
18. 나는 문제해결을 위한 방법을 실천하고, 그 결과를 평가한다.	1	2	3

평가 방법

체크리스트의 문항별로 자신이 체크한 결과를 다음 표를 이용하여 해당하는 개수를 적어보자.

문항	수준	개수	학습관련	비고
1~6번	그렇지 않은 편이다.	( )개	문제해결능력	1~2장
	그저 그렇다.	( )개		
	그런 편이다.	( )개		
7~12번	그렇지 않은 편이다.	( )개	사고력	3~10장
	그저 그렇다.	( )개		
	그런 편이다.	( )개		
13~18번	그렇지 않은 편이다.	( )개	문제처리능력	11~12장
	그저 그렇다.	( )개		
	그런 편이다.	( )개		

평가 결과

진단방법에 따라 자신의 수준을 진단한 후, 한 문항이라도 '그렇지 않은 편이다'가 나오면 그 부분이 부족한 것이다. 그러므로 제시된 학습내용과 교재를 참조하여 해당하는 학습내용을 학습한다.

차 례

PART 3 문제해결 처리방안

문제해결능력

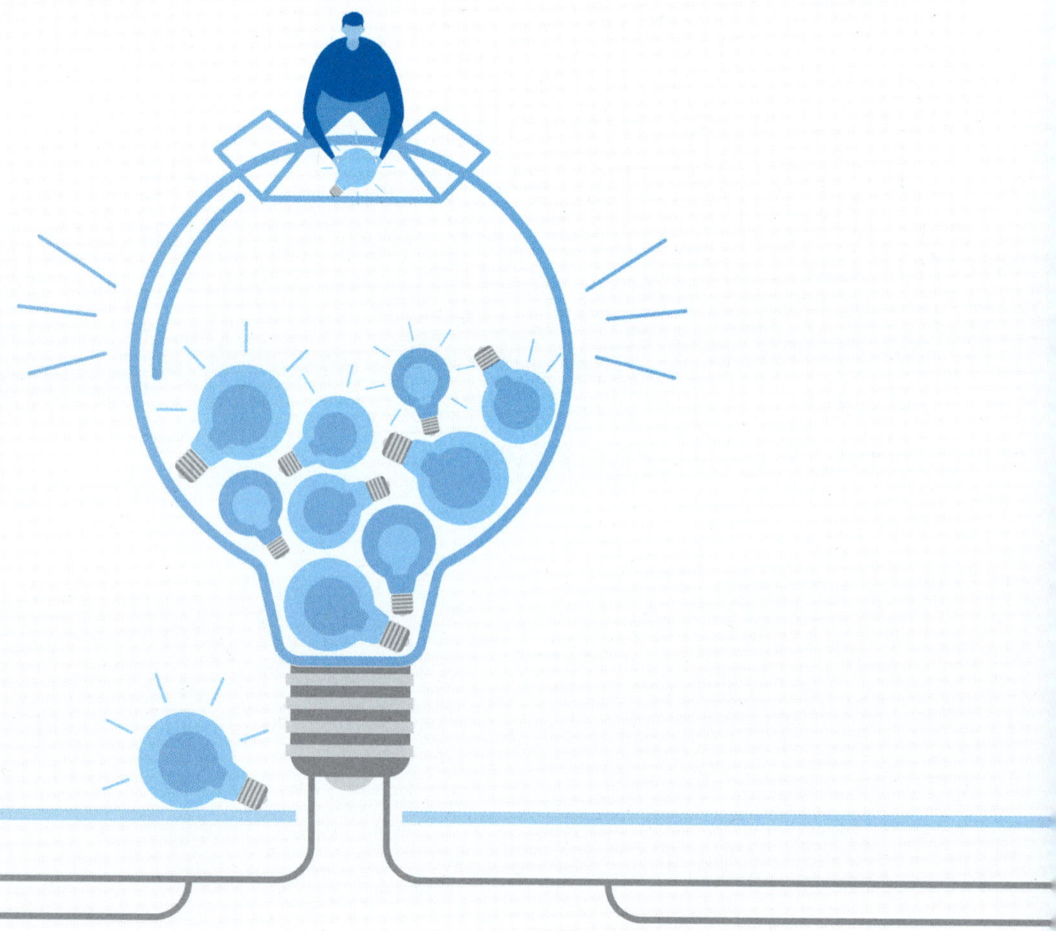

PART

1

문제해결능력

CHAPTER 01

문제의 정의와 기본요소

학습내용

1. 문제의 정의와 의미
2. 문제의 유형과 해결방안
3. 문제의 인식 단계

학습목표

1. 문제의 정의를 설명할 수 있다.
2. 문제의 유형별 특징을 구분할 수 있다.
3. 문제의 해결 방법을 설명할 수 있다.
4. 문제의 인식단계를 설명할 수 있다.

주 / 요 / 용 / 어

- 문제의 정의
- 문제의 의미
- 문제의 유형
- 문제의 해결
- 문제의 인식

기업의 혁신과 의사결정

문제해결의 출발점은 문제에 대한 이해다. 어떤 문제가 생겼을 때 그 문제가 잘 해결되고 그 후로 행복하게 살았다는 마무리는 동화책의 한 이야기일 뿐이다.

스티브 잡스가 이끌었던 애플은 아이폰과 이이패드로 세계 최고의 경쟁력을 가진 기업으로 등극했다. 이 와중에 삼성전자를 비롯한 관련 국내 기업은 심각한 위기감을 느끼고 있었다. 삼성전자의 이건희 회장은 삼성전자가 점점 어려워 질 것을 걱정했고, LG전자는 긴급히 최고 경영자를 교체했으며, 마이크로소프트, 소니, 구글도 급격한 경쟁력 저하를 심히 우려했으며 결국 노키아는 세계인들의 관심에서 퇴출되었다.

한 기업의 경쟁력이 급격히 높아지고 난공불락이라 여겼던 기업이 갑자기 수세에 몰리거나 쇠퇴하는 이유는 무엇일까? 요즘 기업의 경쟁은 최종 승자가 누가 될지 모를 정도의 불확실성이 매우 크다.

이와 같은 경쟁 환경에서 기업이 승자가 되려면 기업의 경영환경과 다양한 문제 속에서 패러다임의 혁신과 이에 수반되는 위험과 도전을 감수할 신속하고도 단호한 문제를 해결할 의사결정이 필수다. 회사의 운명이 달려 있는 프로젝트 추진을 신속하고도 단호하게 결정하고, 집행할 최고 경영진의 리더쉽은 기업 경쟁력의 핵심이다.

기업들은 생존과 서장을 위해서 수많은 문제들을 해결하고 의사결정을 한다. 특히 모든 것이 급격하게 변화하고 있는 경영환경 속에서 기업들은 과거에 경험하지 못한 수많은 문제들을 어떻게 찾아내고 해결하느냐에 따라서 기업의 경쟁력이 결정된다.

출처: 동아일보, 한국경제연구원 이주선

1. 문제의 정의

문제해결의 출발점은 문제에 대한 이해다. 그런데 우리는 몇몇 사고의 성향으로 인해 문제에 대한 이해가 잘 되지 않을 때가 종종 있다. 조직에서 문제가 발생하면 구성원들은 의사결정과정에 참여하게 되는데, 이때 조직의 의사결정은 집단적으로 이루어지는 경우가 많으며, 여러 가지 제약요건이 존재하기 때문에 조직의 의사결정에 적합한 과정을 거친다.

조직에서 의사결정은 개인의 의사결정에 비해 복잡하며, 신속하게 이루어져야 할 때가 많고, 확실하지 못한 환경이나 수단이나 결과가 명확하게 정의된 상태에서 이루어지기도 한다. 또한 한 사람의 관리자에 의해 결정되는 것이 아니라 많은 구성원들의 참여와 협력이 요구된다. 문제를 해결하기 위해서 여러 부서가 관여하고, 다양한 견해를 내기도 하며, 심지어 외부의 조직도 개입되기도 한다.

1) 문제의 정의

문제란 기본적으로 명확한 해결방안이 보이지 않는 바람직하지 않은 상태이며, 문제를 한마디로 정의하면 '기대수준(what should be)과 현재수준(what is)의 차이이다. 기대수준은 목표, 바람직한 상태, 기대되는 결과, 있어야 할 모습 등으로 불린다. 현재수준은 현상, 예상되는 상태, 실제의 결과, 실적, 현재의 모습 등으로 불린다. 따라서 문제는 목표와 현상의 차이, 기대되는 결과와 실제 결과의 차이라고도 할 수 있다.

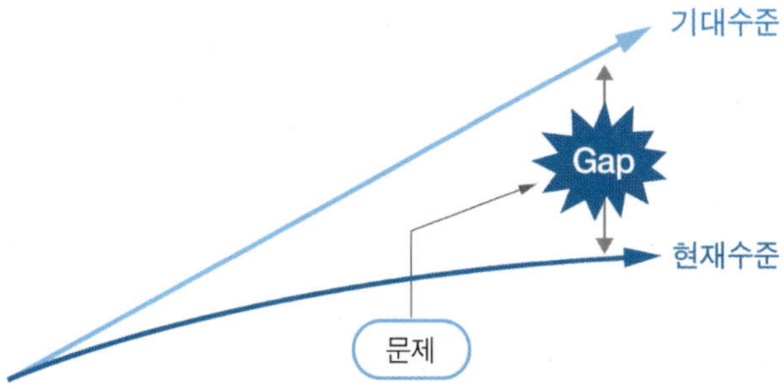

[그림 1-1] 문제의 정의

어느 기업이 1년 경영목표를 100억원을 목표로 하고 노력한 결과 100억원이 달성되었다면 문제가 되지 않지만, 90억원 밖에 달성되지 못했다면 10억원의 Gap이 발생하므로 그 기업은 경영목표를 달성하지 못했으므로 문제가 되는 것이다.

또한 자취를 하는 대학생의 한 달 용돈이 50만원이 필요한 데 부모로부터 30만원을 받는다면 이는 문제가 되지 않지만 부모님이 30만원 밖에 주시지 않는다면 이는 문제가 되는 것이다.

2) 문제의 의미

문제를 해결하려면 문제가 무엇인지를 명확히 파악해야 하며, 문제의 핵심이 무엇인지를 알면 문제의 반은 풀린 것과 같다. 그러나 문제를 해결하기를 원하지만 실제로 해결해야 하는 방법을 모르고 있는 상태나, 얻고자 하는 해답이 있지만 그 해답을 얻는데 필요한 일련의 행동을 알지 못하는 경우가 있다.

이러한 문제는 흔히 문제점과 구분하지 않고 사용하는데, 문제점이란 문제의 근본원인이 되는 사항으로 문제해결에 필요한 열쇠인 핵심 사항을 말한다. 예컨대 난폭 운적으로 전복사고가 일어났을 때, 사고의 발생이 문제이며, 난폭운전은 문제점이다. 이렇게 문제점은 개선해야 할 사항이나 손을 써야 할 사항, 그에 의해서 문제가 해결될 수 있고 문제의 발생을 미리 방지할 수 있는 사항을 말한다.

이를 그림으로 표시하면 다음과 같은데 문제의 핵심이 무엇인지 알면 문제의 반은 풀린 것과 같다.

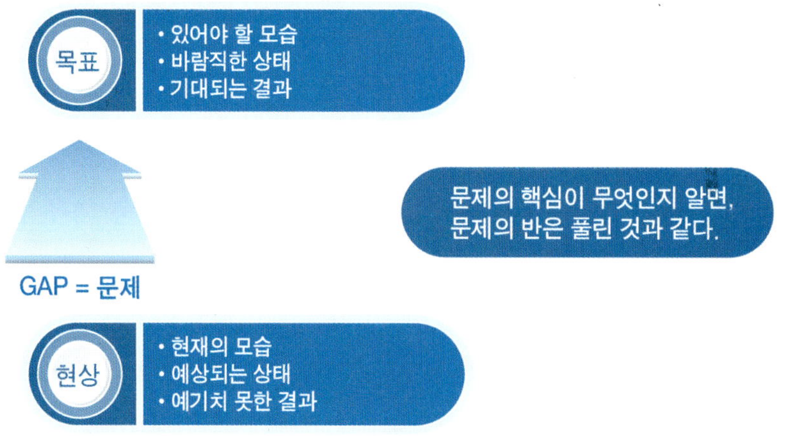

[그림 1-2] 문제의 의미

3) 문제해결

문제가 발생하면 대표적으로 창의적 방법과 분석적 방법을 통해 해결방안을 찾을 수 있다. 위에서 언급한 10억원의 Gap이 발생할 경우, 외부적인 다른 마케팅 방안과 새로운 모델을 개발해 10억원의 실적을 올렸다면 이는 창의적인 문제해결방법이고, 내부적으로 경비를 절감하고 관리성 비용과 절감 등을 통해 10억원을 절감하고 결국 이익이 100억을 달성했다면 분석적 문제해결로 경영을 이룬 것이다.

〈표 1-1〉 문제해결 방안

구분	창의적 문제	분석적 문제
정의	현재 문제가 없더라도 보다 나은 방법을 찾기 위한 문제 탐구로 문제 자체가 명확하지 않음	현재의 문제점이나 미래의 문제로 예견되는 문제 탐구로, 문제 자체가 명확함
특징	주관적, 직관적, 정성적, 감성적, 개별적, 특수성	객관적, 논리적, 정량적, 이성적, 일반적, 공통성
해결 방법	창의력에 의한 많은 아이디어의 작성을 통해 해결	분석, 논리, 귀납과 같은 논리적 방법을 통해 해결
해답 수	해답의 수가 많으며, 많은 답 가운데 보다 나은 것을 선택	답의 수가 적으며, 한정되어 있음

쉬어가는 코너

❶ 야구방망이와 야구공을 함께 사면 11,000원이다. 방망이가 공보다 10,000원 더 비싸다. 그러면 공은 얼마인가?

❷ 5개의 부품을 만들려면 5대의 기계를 5분 동안 가동해야 한다. 100대의 기계로 100개의 부품을 만들려면 시간은 얼마나 필요할까?

❸ 어떤 호수위에 물풀들이 자란다. 이 물풀은 매일 두 배로 넓어지는데 만일 물풀이 호수 전체를 덮는데 10일이 걸렸다면 호수의 반을 덮는 데는 며칠이 걸릴까?

사례연구 1

문제를 문제로 인식하기

K과장은 영업부에서 유능한 세일즈맨으로 인정받고 있었다. 그는 세심하고 적극적인 성격과 좋은 인상으로 처음 만나는 상대와도 쉽게 친해지는 장점으로 인간관계가 좋은 편이다. 특별히 뛰어난 능력이 있는 것은 아니지만 고객의 어려움을 직접 해결해주고 인간적으로 고객을 대해왔기 때문에 실적도 매우 좋은 편이다.

물론 설득력 있는 화술과 자사제품에 대한 깊은 지식으로 제품을 판매하는 기술도 좋은 편이다. 따라서 K과장은 자신의 영업 성적이나 영업기술에 대한 자신감을 갖고 있었다. 그런데 최근 들어 기존의 고객들이 하나 둘씩 계약을 해지하고, 새로운 고객들에 대한 제품판매도 예전처럼 여의치 않게 되었다.

이러한 현상을 K과장은 경기가 좋지 않기 때문에 일시적인 현상일 것이라고 생각하고 대수롭지 않게 여기고 있었다. 그러나 영업부서에서 시장을 분석한 결과 경쟁사의 영업부서에서 컨설팅 세일즈 기법을 활용하여 시장을 잠식하고 있었고, K과장 영업방식이 문제가 있다는 것을 알게 되었다.

1. K과장은 고객들의 계약해지나 판매실적이 떨어지는 원인을 어떻게 생각하고 있었는가?

2. K과장의 문제인식은 어떤 문제가 있었는가?

사례연구를 통해 업무를 수행하면서 겪게 되는 문제를 해결하기 위해서 가장 먼저 해야 되는 일은 자신이나 자신이 속한 조직의 문제를 인식하는 일임을 알 수 있다. 그러나 흔히 사람들은 자신이나 조직의 문제를 잘 인식하지 못하거나, 문제를 알고 있지만 어떻게 해결해야 할지 모르는 경우가 많다. 다음에 제시된 현재 자신이 수행하고 있는 업무상의 문제와 자신이 속한 부서의 문제를 작성해 보고, 자신의 업무와 부서에 어떤 문제가 있는지를 확인해 보자.

2. 문제의 유형

문제를 효과적으로 해결하기 위해서는 문제의 유형을 파악하는 것이 우선시 되어야 한다. 문제의 유형은 그 기준에 따라 아래와 같이 구분될 수 있다.

- 기능에 따른 문제 유형: 제조 문제, 판매 문제, 자금 문제, 인사 문제, 기술상 문제
- 해결방법에 따른 문제 유형: 논리적 문제와 창의적 문제
- 시간에 따른 문제 유형: 과거 문제, 현재 문제, 미래 문제
- 업무수행 중 발생한 문제 유형: 발생형 문제(보이는 문제), 탐색형 문제(찾는 문제), 설정형 문제(미래 문제)

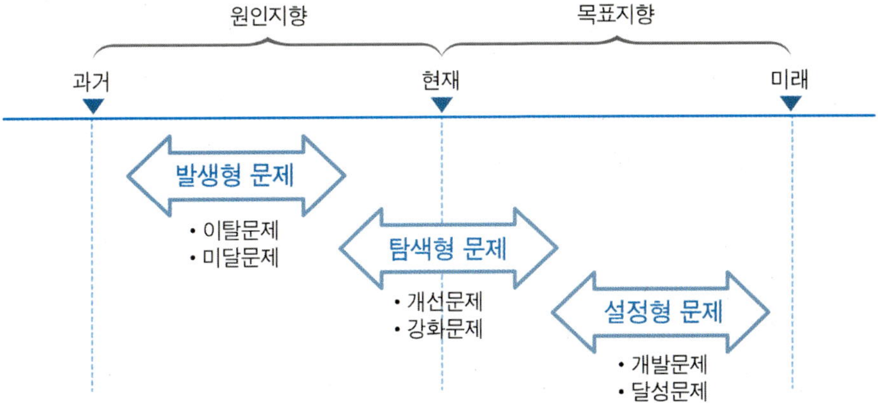

[그림 1-3] 문제의 유형

1) 발생형 문제(보이는 문제)

우리 눈앞에 발생되어 당장 걱정하고 해결하기 위해 고민하는 문제를 의미한다. 발생형 문제는 눈에 보이는 이미 일어난 문제로, 어떤 기준을 일탈함으로써 생기는 일탈 문제와 기준에 미달하여 생기는 미달문제로 대변되며 원상복귀가 필요하다. 또한 문제의 원인이 내재되어 있기 때문에 원인지향적인 문제라고도 한다.

2) 탐색형 문제(찾는 문제)

더 잘해야 하는 문제로 현재의 상황을 개선하거나 효율을 높이기 위한 문제를 의미한다. 탐색형 문제는 눈에 보이지 않는 문제로, 문제를 방치하면 뒤에 큰 손실이 따르거나 결국 해결할 수 없는 문제로 나타나게 된다. 이러한 탐색형 문제는 잠재문제, 예측문제, 발견문제의 세 가지 형태로 구분된다.

잠재문제는 문제가 잠재되어 있어 보지 못하고 인식하지 못하다가 결국은 문제가 확대되어 해결이 어려운 문제를 의미한다. 이와 같은 문제는 존재하나 숨어 있기 때문에 조사 및 분석을 통해서 찾아야 할 필요가 있다.

예측문제는 지금 현재로는 문제가 없으나 현 상태의 진행 상황을 예측이라는 방법을 사용하여 찾아야 앞으로 일어날 수 있는 문제가 보이는 문제를 의미한다.

발견문제는 현재로서는 담당 업무에 아무런 문제가 없으나 유사 타 기업의 업무방식이나 선진기업의 업무 방법 등의 정보를 얻음으로써 보다 좋은 제도나 기법, 기술을 발견하여 개선, 향상시킬 수 있는 문제를 말한다.

3) 설정형 문제(미래 문제)

미래상황에 대응하는 장래의 경영전략의 문제로 앞으로 어떻게 할 것인가 하는 문제를 의미한다. 설정형 문제는 지금까지 해오던 것과 전혀 관계없이 미래 지향적으로 새로운 과제 또는 목표를 설정함에 따라 일어나는 문제로서, 목표 지향적 문제라고 할 수 있다. 따라서 이러한 과제나 목표를 달성하는데 따른 문제해결에는 지금까지 경험한 바가 없기 때문에 많은 창조적인 노력이 요구되는 문제이므로, 설정형 문제를 창조적 문제라고하기도 한다.

〈표 1-2〉 문제의 유형

구분	내용
발생형 문제	현재 문제가 발생하여 원상복귀가 필요한 문제 ☞ 예: A제품에 대한 고객클레임(제품불량)이 발생했다.
탐색형 문제	현재는 문제가 아니지만, 더 잘하기 위해 현재 상황을 개선하기 위한 문제 ☞ 예: 4/4분기 생산성을 3/4분기 대비 5%p 높이라는 목표가 제시되었다.
설정형 문제	외부환경이나 경영전략 변화에 따라 앞으로 발생할 수 있는 문제 ☞ 예: 북유럽시장 진출에 따라 예상되는 이슈를 분석하라는 지시가 주어졌다.

쉬어가는 코너 **문제풀이**

① 대부분 반응은 1,000원인데 정답은 500원이다.
② 대부분 반응은 100분이라고 답하는데 정답은 5분이다.
③ 어렵지 않다, 정답은 9일(하루에 두 배씩 증가하므로)

세 문제의 점수를 3점으로 환산할 때, 세계적인 대학의 평균점수는 매사추세츠 공과대학교(2.18), 하버드대학교(1.48점), 미시간대학교(1.18점) 등으로 평균 1.5점 밖에 못 맞추었다. 그 이유는 문제를 대할 때, 즉각적으로 반응하는 습관과 성급하게 반응함에서 오는 것으로 분석되었다.

사례연구 2

누가 문제인가?

동물들의 생태를 연구하기 위해 알래스카를 여행하던 어느 교수와 학생이 야영을 위해 텐트를 설치하던 중이었다. 이때 사납게 생긴 곰 한 마리가 그들을 발견하고 갑자기 달려오기 시작했다. 느리고 미련하다는 생각과는 달리 곰의 걸음은 상당히 빠르기 때문에 어물쩍 거리다가는 잡아먹힐 것 같았다.

깜짝 놀란 교수는 황급히 도망을 치려는데 학생은 가방에서 운동화를 꺼내서 신기 시작했다. 교수가 두려움에 가득 찬 눈으로 뒤돌아보며 외쳤다. "운동화 신을 겨를이 어디 있어? 빨리 도망쳐야 한다고?"이 말을 들은 학생은 짐짓 태연하게 소리쳤다. "교수님, 문제는 그게 아닙니다." 라고 외쳤다.

1. 이 상황에서 문제는 무엇일까? 학생은 왜 운동화로 갈아 신으면서 그렇게 대답했을까?

____

____

2. 누구의 생각이 목숨을 구하는 데 도움이 되었을까?

____

____

3. 문제의 인식

문제의 기본은 문제를 올바로 인식하는 것이다. 문제인식의 첫 단계는 '문제의 주인이 누구인가'를 밝히는 일이다. 두 번째는 문제를 올바르게 정의하고, 세 번째는 문제의 유형을 파악하며, 마지막으로 문제의 우선순위를 정하는 것이다. 위 사례를 중심으로 준제를 인식하고 해결해 나가는 과정을 살펴보자.

1) 문제의 주인이 누구인지 파악한다

문제인식의 첫 단계는 문제의 주인이 누구냐를 밝히는 일이다. 다시 말해 누가 문제를 풀어야 하고 누구에게 해법이 필요한지 밝히는 일이다. 누구의 문제인지에 따라 해법이 전혀 다르게 도출되기 때문이다.

앞의 사례에서 볼 때 곰-교수-학생 중 누가 문제의 주인인지를 파악하는 것이다. 교수는 자신과 학생을 문제의 주인으로 보았고, 학생은 운동화로 갈아 신는 문제의 주인에서 교수를 탈락시키고 본인을 유일한 의뢰인으로 내세운 것이다.

2) 문제를 올바르게 정의한다

문제해결의 관점에서 문제를 정의하면 앞에서 이야기 한 것처럼 문제는 기대상태에서 현재상태간의 격차를 말한다.

문제 = 기대상태 – 현재상태

곰에게 쫓기는 상황에서 학생이 운동화로 갈아 신은 행동은 문제를 잘 정의했

기 때문이다. 이 문제의 제약조건은 인간이 곰보다 빠르지 않아 현재의 상태에서 벗어나기 어렵다는 것인데, 이를 잘 파악한 것이다.

3) 문제의 유형을 파악한다

기대상태와 현재상태의 격차라고 간단히 정의되는 문제의 정의는 상황에 따라 몇 개의 유형으로 나타난다. 문제발생의 유형은 해결하는 과정에서 대부분 위급한 문제와 원인문제로 구분된다. 곰이 우리를 해치려고 오는 것은 위급의 문제이지 원인문제가 아니다. 곰이 왜 오는가에 대한 원인을 찾는 것은 불필요한 행동이다. 원인문제는 위급문제와는 달리 원인을 규명해야만 효과적인 해결이 가능한 문제를 말한다. 어떤 문제가 위급문제인지 원인문제인지를 올바르게 판단할 줄 아는 능력은 문제해결의 기본기 중 하나이다.

4) 문제의 우선순위를 정한다

문제인식의 마지막 단계는 문제의 우선순위를 정하는 과정이다. 문제들의 우선순위를 정하는 측정기준은 다음과 같은 세가지 기준이 대표적이다.

우선순위 측정기준: ① 시급성 ② 영향도 ③ 심화 가능성

시급성은 문제가 얼마나 시급하게 해결 되어야 하는 정도의 문제이며, 영향도는 그 문제가 얼마나 많은 영향을 끼치는가에 대한 문제이고, 심화 가능성은 이 문제를 해결하지 않고 그냥 놔둔다면 그 문제가 얼마나 더 심각해 질 것인가를 판단하는 기준이다. 곰이 달려드는 경우는 두 사람의 목숨이 달려 있는 만큼 시급성이 가장 우선할 것이다.

핵심내용 요약

1. 문제란 기본적으로 명확한 해결방안이 보이지 않는 바람직하지 않은 상태이며, 문제를 한마디로 정의하면 '기대수준(what should be)과 현재수준(what is)의 차이이다.

2. 문제의 의미는 다음과 같다.

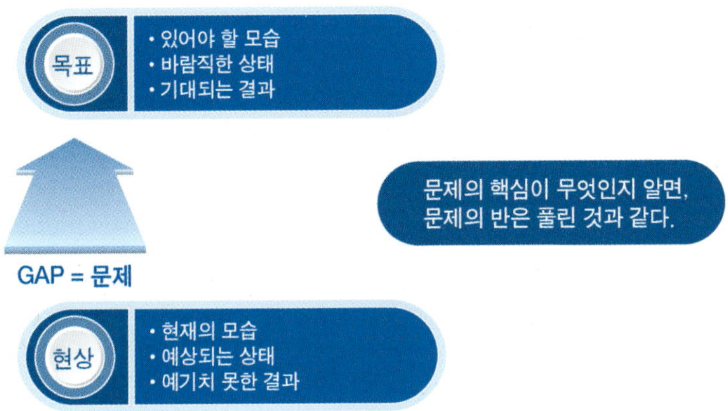

3. 문제의 유형은 다음과 같다.

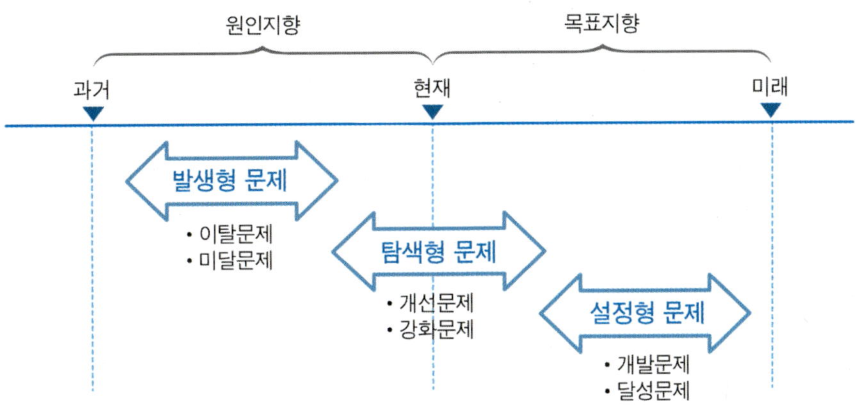

4. 문제의 기본은 문제를 올바로 인식하는 것이다. 문제인식의 첫 단계는 '문제의 주인이 누구인가'를 밝히는 일이다. 두 번째는 문제를 올바르게 정의하고, 세 번째는 문제의 유형을 파악하며, 마지막으로 문제의 우선순위를 정하는 것이다.

MEMO

MEMO

CHAPTER 02

문제해결의 방법

학습내용

1. 문제해결의 정의
2. 문제해결의 기본요소
3. 문제해결에 필요한 사고

학습목표

1. 문제해결의 정의를 설명할 수 있다.
2. 문제해결의 기본요소를 설명할 수 있다.
3. 문제해결의 기본사고를 설명할 수 있다.
4. 문제해결의 의사결정 단계를 설명할 수 있다.

주 / 요 / 용 / 어

- 문제해결의 정의
- 문제해결의 기본요소
- 문제해결의 기본사고
- 문제해결의 장애요인
- 문제해결의 의사결정

진땀 빼는 면접 질문

쌀 한 가마니 안에는 몇 톨의 쌀이 들어있는가?, 서울 시내 대학생들의 1인당 평균 신용카드 사용금액은 얼마인가? 등은 최근 효성그룹의 신입사원 면접 때 나온 질문들이다.

효성그룹은 지원자들이 직접 질문지 중 하나를 뽑아 그 질문에 답하는 면접 방식을 도입했다. 평가의 척도는 정답 여부보다는 답변을 구성하고 있는 논리와 가설이 얼마나 설득력이 있는지를 본다고 한다. 이 회사 홍보팀 관계자는 “국내 기업들이 갈수록 구성원들의 문제해결과 의사소통 능력을 중시하는 추세”라며 “임원들도 이 면접을 도입한 뒤 논리력과 자기표현 능력을 갖춘 신입사원들이 늘어났다고 만족하는 분위기”라고 전했다.

취업 포털인 인크루트는 최근 1년간 주요 대기업들의 채용 면접에서 나온 질문 4천여건을 분석해 자주 등장하는 유형들을 정리 · 발표했는데, 이런 추세가 그대로 확인됐다.

먼저 ‘문제해결형’은 회사 생활에서 생길 법한 문제 상황을 주고 그 대처법을 묻는 질문이다. 예컨대 △들어줄 수 없는 사안인데도 고객이 끈질기게 요구한다면?(한국휴렛팩커드) △난동 피우는 고객이 있다면 ? (하나은행) △우리 회사 제품은 만원인데 경쟁 제품은 8천원일 때 어떤 방법으로 제품을 팔 것인가? (동아제약) 등을 꼽을 수 있다.

조직에 대한 충성도를 엿보기 위해 야근 · 휴일 근무 등의 난감한 상황을 질문으로 제시하는 경우도 있다. △잦은 야근 등으로 대인관계가 소홀하게 된다면 어떻게 하겠는가?(엔씨소프트) △약속이 있는데 상사가 야근하라고 지시한다면 어떻게 하겠는가?(삼성) 등의 질문들이 대표적이다.

출처: 한겨레신문

1. 문제해결의 정의

문제해결이란 목표와 현상을 분석하고, 이 분석 결과를 토대로 과제를 도출하여 최적의 해결책을 찾아 실행, 평가해 가는 활동을 의미한다. 이러한 문제해결은 조직, 고객, 자신의 세 가지 측면에서 도움을 줄 수 있다.

조직 측면에서는 자신의 속한 조직의 관련 분야에서 세계 일류수준을 지향하며, 경쟁사와 대비하여 탁월하게 우위를 확보하기 위해서 끊임없는 문제해결이 요구된다.

고객 측면에서는 고객이 불편하게 느끼는 부분을 찾아 개선과 고객 감동을 통한 고객 만족을 높이는 측면에서 문제해결이 필요하다.

자기 자신 측면에서는 불필요한 업무를 제거하거나 단순화하여 업무를 효율적으로 처리하게 됨으로써 자신을 경쟁력 있는 사람으로 만들어 나가는데 문제해결 능력이 요구된다.

결국 문제해결 능력이란 사회생활이나 직장생활에서 업무 수행 중에 발생되는 여러 가지 문제를 창조적, 논리적, 비판적 사고를 통해 그 문제를 올바르게 인식하고 적절히 해결하는 능력을 말한다. 최근의 문제들은 더욱 복합적이고 다양한 형태로 나타나고 있다. 그러므로 문제해결 능력은 모든 직업인에게 직면한 문제를 바르게 인식하고 바람직한 문제해결을 위해 요구되는 가장 중요한 요소이다.

2. 문제해결의 기본요소

문제해결을 위해서는 다음과 같은 다섯 가지 기본요소들이 요구되는데 구체적인 실천방안은 다음과 같다.

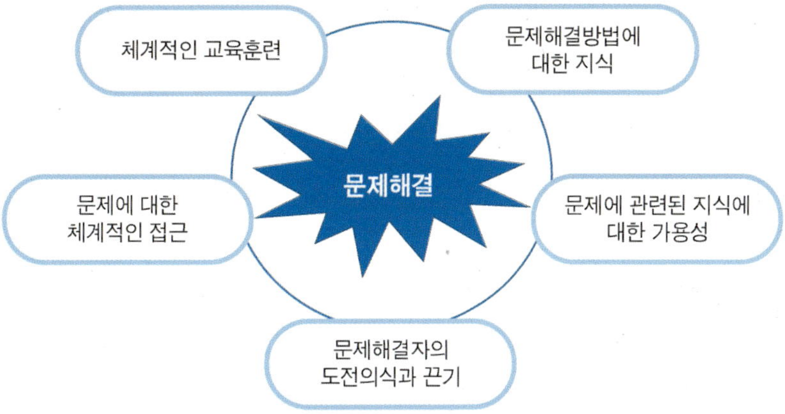

[그림 2-1] 문제해결의 기본요소

1) 체계적인 교육훈련

문제해결을 위해서는 고정관념, 편견 등 심리적 타성 및 기존의 패러다임 극복하고 새로운 아이디어를 효과적으로 낼 수 있는 창조적 문제해결능력에 필요한 스킬 등을 습득하는 것이 필요하다. 이는 창조적 문제해결능력을 향상시켜야 함을 의미하며, 이는 문제해결방법에 대한 체계적인 교육훈련을 통해서 얻을 수 있다. 따라서 문제해결을 위해서 개인은 사내외의 체계적인 교육훈련을 통해 문제해결을 위한 기본 지식과 스킬을 습득해야 한다.

2) 문제해결 방법에 대한 지식

문제해결을 위해서는 다양한 문제해결방법에 관한 지식을 습득 하여야 하며 이를 적절하게 사용할 수 있어야 하며, 여기에는 일반적인 문제에 적용되는 해결방법과 전문영역(R&D, 마케팅)에 따른 해결방법이 있다. 개인은 이러한 문제의 다양한 해결방법을 알아야 하며, 이는 효과적인 문제해결의 출발점이 될 수 있다.

3) 문제에 관련된 해당 지식 가용성

문제해결방법에 대한 지식이 아무리 많다 할지라도 해결하고자 하는 문제와 해당 업무에 대한 지식이 없다면 문제해결은 불가능할 것이다. 따라서 담당 업무에 대한 풍부한 지식과 경험을 통해서 해결하고자 하는 문제에 대한 지식을 갖추고 있어야 한다.

4) 문제해결자의 도전의식과 끈기

문제를 해결하여 성과를 도출하고자 하는 문제해결자의 문제해결의지 및 개선의식•도전의식과 끈기를 필요로 한다. 특히 현상에 대한 도전의식과 새로운 것을 추구하려는 자세, 난관에 봉착했을 때 헤쳐 나가려는 태도 등이 문제해결의 밑바탕이 된다.

5) 문제에 대한 체계적인 접근

문제해결을 위해서는 문제를 체계적으로 접근하여야 한다. 문제를 조직 전체적인 관점에서 바라보지 않고 각 기능 단위별로 문제점을 분석하고 해결안을 도출한다면 각 기능과 기능사이의 사각지대는 지속적으로 문제가 상존하여 문제해결의 결과가 성과에 미치는 영향이 아주 미미한 경우가 있다. 따라서 효과적인 문제해결을 위해서는 체계적 접근을 통해 문제를 분석하고 해결해야 한다.

사례연구 1

우리는 지금 4차 산업혁명의 시대에 살고 있고, 우리의 주변에 이미 많은 4차 산업혁명 핵심기술들을 이용한 다양한 기술들의 혜택을 사용하고 있다.

4차 산업혁명의 핵심기술 중 인공지능에 대해 알아보고 그것을 이용한 편리성과 앞으로의 발전 가능성을 토의해 보자.

핸드폰을 통해 검색하거나 조사해 보고 본인들이 겪었던 사항에 대해 서로 토의하여 작성해 보자.

인공지능

1. 주변에서 찾을 수 있는 인공지능의 사례와 기술

____

2. 어떤 부분에서 도움이 되었나요?

____

3. 앞으로 어떤 부분까지 발전이 될 것으로 생각하나요?

____

4. 인공지능 챗봇 Chat-GPT나 구글의 바드를 사용해 보고 여러분의 생각을 정리해 보세요

____

____

3. 문제해결에 필요한 사고

1) 문제해결의 4가지 사고

문제를 해결하기 위해서는 전략적 사고, 분석적 사고, 발상의 전환, 내외부자원의 활용이 필요하며 그 실행방법은 다음과 같다.

(1) 전략적 사고를 해야 한다

현재 당면하고 있는 문제와 그 해결방법에만 집착하지 말고, 그 문제와 해결방안이 상위 시스템 또는 다른 문제와 어떻게 연결되어 있는지를 생각하는 것이 필요하다.

(2) 분석적 사고를 해야 한다

전체를 각각의 요소로 나누어 그 요소의 의미를 도출한 다음 우선순위를 부여하고 구체적인 문제해결방법을 실행하는 것이 요구된다. 또한 분석적 사고는 문제가 성과 지향, 가설 지향, 사실 지향의 세 가지 경우에 따라 다음과 같은 사고가 요구된다.

① 성과 지향의 문제: 기대하는 결과를 명시하고 효과적으로 달성하는 방법을 사전에 구상하고 실행에 옮겨라.

② 가설 지향의 문제: 현상 및 원인분석 전에 지식과 경험을 바탕으로 일의 과정이나 결과, 결론을 가정한 다음 검증 후 사실일 경우 다음 단계의 일을

수행하라.

③ **사실 지향의 문제**: 일상 업무에서 일어나는 상식, 편견을 타파하여 객관적 사실로 부터 사고와 행동을 출발하라.

(3) 발상의 전환을 하라

발상은 흔히 전구에 불이 들어오는 이미지로 표현하는데, 어둡던 실내가 갑자기 환해지듯이, 발상은 막다른 골목에서 벗어날 길을 제시해 준다. 기존에 가지고 있는 사물과 세상을 바라보는 인식의 틀을 전환하여 새로운 관점에서 바로 보는 사고를 지향하라.

(4) 내 · 외부자원을 효과적으로 활용하라

문제해결 시 기술, 재료, 방법, 사람 등 필요한 자원 확보 계획을 수립하고 내 · 외부자원을 효과적으로 활용도록 해야 한다.

2) 사고의 오류

다양한 사고를 깊이 하다보면 자신의 경험이나 생각에 갇혀 오류를 범하는 경우가 종종 있는데, 이를 사고의 오류가 한다. 발상의 전환을 가로막는 이런 사고의 오류를 이해하여 여기에 빠지지 않도록 하여야 한다.

(1) 비약의 오류

사장님이 김팀장과 면담중이라고? 우리 팀을 없애려는 게 분명해

(2) 유용성의 오류

사후의 세계가 없다고 믿나요? 그렇다면 너무 허무하고 쓸쓸할 텐데요. 아무것도 없다고 생각하는 건 틀렸다고 생각하지 않나요?

(3) 무지의 오류

아무도 이 제도가 잘못됐다는 걸 증명하지 못했다. 따라서 이 제도는 옳다.

(4) 흑백의 오류

우수인재 채용에 반대하신다고요? 그렇다면 당신은 우리 회사에 우수인재가 필요 없다고 생각하시는군요.

(5) 확대의 오류

팀장이 직원 1명을 해고했다. 이후 그 직원은 자살했고 그의 가족들은 뿔뿔이 흩어졌다. 가정을 파탄시킨 자가 어떻게 승진을 할 수 있는가?

(6) 합성의 오류

세계 최고의 기업에 다니기 때문에 그들은 모두 최고의 능력이 있을 거야

(7) 이분법 유류

우리는 결코 좋은 경영자를 가질 수 없다. 야심 있는 경영자는 야심 때문에 직원들을 희생시키고, 야심 없는 경영자는 그의 능력이 없기 때문이다.

사례연구 2

사라질 직업, 살아남을 직업, 생겨날 직업

산업이 발달하면서 직업도 변화한다. 변화하는 시대에 적응하기 위한 문제해결 방법을 찾아보자. 4차 산업혁명의 시대를 살아가게 되면서 사라지는 직업과 새로 생겨나는 직업을 찾아보자. (핸드폰으로 검색하고 서로 토의한다.)

① 옛날에는 있었는데 지금은 볼 수 없는 직업(예, 버스안내원)

② 지금도 있지만 예전 보다 종사자가 줄어든 직업(예, 양복사(점))

③ 옛날에는 없었는데 새로 생겨난 직업(예, 드론 조종사)

④ 지금은 없지만 가까운 미래에 새롭게 생길 직업(예, AI 윤리학자)

왜 직업이 없어지거나 새로 생길까? 직업이 사라지는 이유는 무엇일까?

3) 문제해결의 장애요인

문제를 해결하는데 장애가 되는 요소들은 조직이 직면한 상황과 맡고 있는 업무의 특성에 따라서 굉장히 다양하게 나타날 수 있다. 이러한 장애요소들 중 가장 대표적인 경우는 다음과 같다.

(1) 문제를 철저하게 분석하지 않는 경우

문제를 접한 다음 문제가 무엇인지 문제의 구도를 심도 있게 분석하지 않으면 문제해결이 어려워진다. 즉 어떤 문제가 발생하면 직관에 의해 성급하게 판단하여 문제의 본질을 명확하게 분석하지 않고 대책 안을 수립하여 실행함으로써 근본적인 문제해결을 하지 못하거나 새로운 문제를 야기하는 결과를 초래할 수 있다.

(2) 고정관념에 얽매이는 경우

상황이 무엇인지를 분석하기 전에 개인적인 편견이나 경험, 습관으로 증거와 논리에도 불구하고 정해진 규정과 틀에 얽매여서 새로운 아이디어와 가능성을 무시해 버릴 수 있다.

(3) 쉽게 떠오르는 단순한 정보에 의지하는 경우

문제해결에 있어 종종 우리가 알고 있는 단순한 정보들에 의존하는 경향이 있다. 단순한 정보에 의지하면 문제를 해결하지 못하거나 오류를 범하게 된다.

(4) 너무 많은 자료를 수집하려고 노력하는 경우

자료를 수집하는데 구체적인 절차를 무시하고 많은 자료를 얻으려는 노력에만 온 정열을 쏟는 경우가 있다. 무계획적인 자료 수집은 무엇이 제대로 된 자료인지를 알지 못하는 우를 범할 우려가 있다.

4) 문제해결의 의사결정 과정

조직에서의 의사결정은 문제가 확실하게 분석가능하고 해결방안이 확실한 경우도 있지만 대부분 제한된 정보와 여러 견해들이 공유하게 된다. 또한 혁신적인 결정보다 현재의 체제 내에서 순차적, 부분적으로 의사결정이 이루어져서 기존의 결정을 점증적으로 수정해나가는 방식으로 이루어진다.

(1) 확인 단계

확인 단계에서는 의사결정에 필요한 문제를 인식한다. 이는 외부 환경이 변화하거나 내부에서 문제가 발생했을 때 발생한다. 문제를 인식하면 이를 구체화하기 위하여 정보를 얻는 단계이다.

진단단계는 문제의 심각성에 따라서 체계적으로 이루어지기도 하며, 비공식적으로 이루어지기도 한다. 또 문제를 신속히 해결할 필요가 있는 경우에는 진단시간을 줄이고 즉각적인 대응이 필요하다.

(2) 개발 단계

개발 단계는 확인된 문제에 대하여 해결방안을 모색하는 단계이다. 개발 단계는 2가지 방식으로 이루어질 수 있다. 먼저 조직 내의 기존 해결방법 중에서 새로운 문제의 해결 방법을 찾는 탐색과정이다. 이는 조직 내 관련자와의 대화나 공식적인 문서 등을 참고하여 이루어질 수 있다.

이전에 없었던 새로운 문제의 경우 이에 대한 해결안을 설계해야 한다. 이 경우에는 의사결정자들이 모호한 해결방법만을 가지고 있기에 다양한 의사결정 기법을 통하여 시행착오적 과정을 거치면서 적합한 해결방법을 찾아 나간다.

(3) 선택단계

해결방안을 마련하면 실행 가능한 해결안을 선택한다. 선택을 위한 방법은 3가지로 이루어질 수 있다. 이는 한 사람의 의사결정권자 판단에 의한 선택, 경영과학 기법과 같은 분석에 의한 선택, 이해관계집단의 토의와 교섭에 의한 선택이 있다.

이렇게 해결방안이 선택되면 마지막으로 조직 내에서 공식적인 승인절차를 거친 후 실행된다.

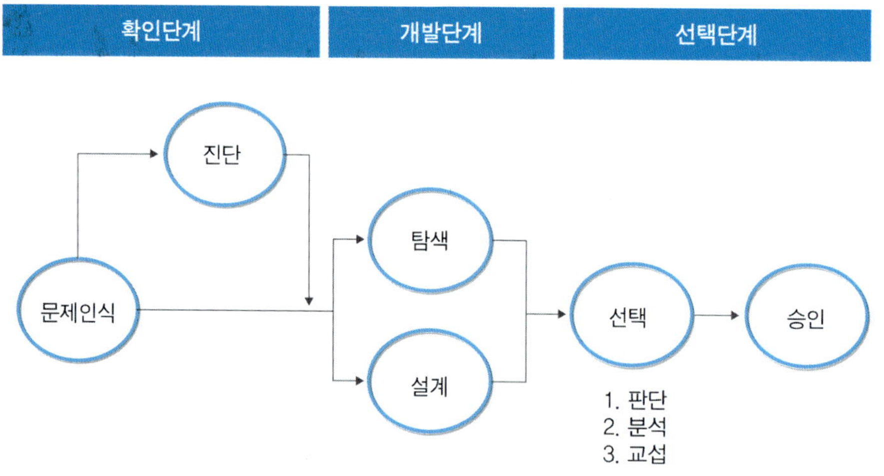

[그림 2-2] 의사결정 과정

핵심내용 요약

1. 문제해결이란 목표와 현상을 분석하고, 이 분석 결과를 토대로 과제를 도출하여 최적의 해결책을 찾아 실행, 평가해 가는 활동을 의미한다.

2. 문제해결의 기본요소는 다음과 같다.

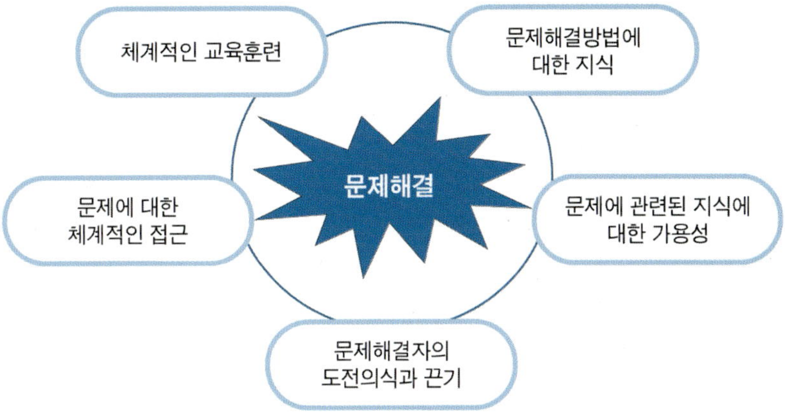

3. 문제해결의 기본적 사고
   (1) 전략적 사고
   (2) 분석적 사고
   (3) 발상의 전환
   (4) 내 · 외부자원의 활용

4. 문제해결의 장애요인
   (1) 문제를 철저하게 분석하지 않는 경우
   (2) 고정관념에 얽매이는 경우
   (3) 쉽게 떠오르는 단순한 정보에 의지하는 경우
   (4) 너무 많은 자료를 수집하려고 노력하는 경우

MEMO

MEMO

문제 해결 능력

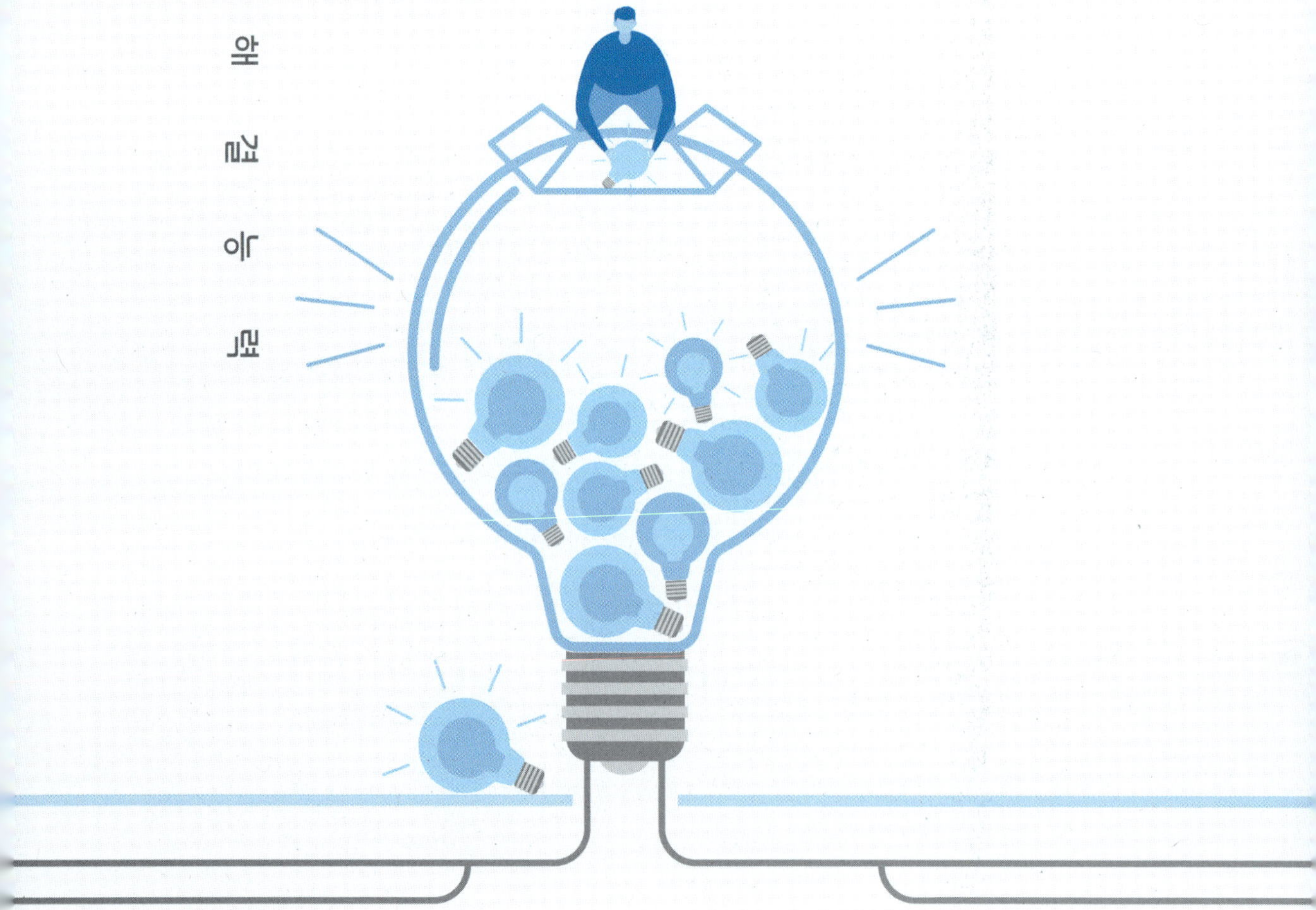

PART 2

문제해결 사고력

- Chapter 03 합리적 사고
- Chapter 04 합리적 사고 개발
- Chapter 05 창의적 사고
- Chapter 06 창의적 사고 개발방법
- Chapter 07 비판적 사고
- Chapter 08 비판적 사고 개발방법
- Chapter 09 논리적 사고
- Chapter 10 논리적 사고 개발

CHAPTER 03

합리적 사고

학습내용

1. 합리적 사고의 정의와 과정
2. 문제의 특성과 원인 분석
3. 합리적 사고의 특징

학습목표

1. 합리적인 사고를 설명할 수 있다.
2. 합리적인 사고과정을 설명할 수 있다.
3. 합리적인 사고의 특징을 설명할 수 있다.

주 / 요 / 용 / 어

- 합리적 사고
- 합리적 사고 과정
- 문제의 특성 분석
- 문제의 원인 분석
- 합리적 사고의 특징

미리보기

폴 포츠 우승 감동 – 심사위원 사이먼 코웰의 합리적 사고

폴 포츠라는 남자가 있다. 나이는 36살. 영국 웨일스의 한 도시에서 휴대전화 외판원을 하고 있다. 외모는 미남과 거리가 멀다. 소위 말하는 비호감형이다. 표정에서는 자신감 한곳 찾아보기 힘들다. 치열이 고르지 못한 탓인지 주섬주섬 말하는 것처럼 보인다. 배는 불룩하게 튀어나왔고, 낡은 양복 차림새는 더 허름하게 보이고, 자세는 긴장한 듯 경직돼 있다.

폴 포츠가 2007년 7월 영국 '브리튼스 갓 탤런트' 프로그램 예선 무대에 섰다. 브리튼스 갓 탤런트는 노래 실력을 겨뤄 일반인을 일약 스타로 만드는 프로그램이다. 더욱이 아메리칸 아이돌에서 독설과 혹평으로 참가자의 눈물을 쏙 빼는 것으로 유명한 사이먼 코웰이 심사위원 중 한 명이다.

이날 폴 포츠가 수수한 양복차림으로 무대 중앙에 서자 사이먼은 곱지 않은 시선을 보냈다. 여성 심사위원인 아만다 홀덴이 포츠에게 물었다. "무슨 노래를 준비해 오셨나요?" 포츠는 "오페라를 부르려고요." 짧게 답했다. 사이먼은 어이가 없다는 표정으로 팔짱을 낀 채 노래를 불러 보라고 했다.

포츠가 준비한 곡은 푸치니의 오페라 '투란도트'에 나오는 아리아 '공주는 잠 못 이루고(Nessun dorma)'였다. 포츠가 노래를 부르자 심사위원들의 표정이 바뀌기 시작했다. 사이먼은 자세를 고쳐 앉았고 관객들의 눈은 휘둥그레졌다. 노래 몇 소절이 끝나자 관객들의 박수가 터져 나오기 시작했다. 여성 심사위원 홀덴은 놀라움을 금치 못했다.

곡의 마지막 하이라이트 부분에서 포츠가 안정적인 바이브레이션으로 고음을 내뿜자 관객들은 자리에서 일어나 기립박수를 보냈다. 사이먼은 "보석 같은 당신"이라고 찬사를 보냈고, 홀덴은 "소름이 끼쳤다"고 놀라워했다.

포츠는 어릴 적부터 어눌한 말투와 외모 때문에 '왕따'를 당하면서 자랐다. 오페라를 향한 꿈을 포기할 수 없어 28살 때부터 어렵게 모은 돈으로 이탈리아의 오페라 학교를 다녔다. 오페라 가수를 꿈 꿨지만 충수 파열, 부신 종양 등의 병으로 수술대에 올랐고 2003년 오토바이 사고를 당해 쇄골까지 부서졌다. 포츠는 오페라의 꿈을 접고 휴대전화 외판원이 됐지만 포기할 수 없는 자신만의 꿈에 도전했고 경연대회에서 우승해 인정을 받았다.

유트브에서 포츠의 예선무대 동영상은 1,000만 회를 넘는 조회 수를 기록했고, 폴 포츠는 현재 세계적인 스타가 되어 전 세계를 돌며 오페라 가수로서 열정적으로 활동하고 있다.

출처: 국민일보 기사

1. 폴 포츠를 처음 본 심사위원들의 합리적 의사결정에 어떠한 요소들이 영향을 끼쳤나요?

2. 폴 포츠의 노래를 듣고 심사위원들의 합리적 의사결정 변화에 영향을 끼친 요소들은?

1. 합리적 사고의 정의

현명한 결정이나 판단은 조직의 리더나 정책 결정시에만 내려야 되는 것은 아니다. 사람은 누구나 직장생활이나 개인생활에서 수많은 '선택'의 순간을 맞이하고, 의사결정을 내려야 될 때가 있다. 직장 생활에서는 두 가지 이상의 업무가 중복되어 우선순위를 정해야 될 때나, 이직을 결심하거나, 다른 사람이 무리한 요구를 할 때에 거절의 의사표시를 하는 등의 경우가 있다. 또한 일과 생활의 균형(Work-Life Balance) 문제가 화두로 되고 있는 요즈음에는 이 둘 간의 균형을 유지하기 위한 의사결정을 해야 될 경우가 증가하고 있다.

합리적 사고란 주어진 사실에 근거하여 객관적이고 보편적인 기준에 따라 정확하고 공정한 판단을 내리고, 논리적으로 일관성 있게 주장하는 것을 말한다. 합리적 사고를 위해서는 기존 방식에 대한 끊임없는 자기비판과 대안 제시의 과정이 필요하며, 주어진 정보와 추론에 무조건 의지하지 않고, 여러 대안을 비교함으로써 가장 적절한 해결방안을 구할 수 있다.

어떠한 의사결정을 내렸느냐에 따라서 작게는 개인의 일시적인 시간낭비나 재정지출이 있을 수도 있지만 크게는 인생 경로가 바뀌게 되며, 조직 전체의 운명이 좌우되기도 한다. 따라서 합리적인 의사결정 과정을 통해 문제의 본질을 파악하고 최적의 대안을 선정할 필요가 있다.

사례연구 1

벤자민 프랭클린의 합리적 사고

유명한 과학자 조지프 프리스틸리는 두 가지 대안을 놓고 고민하던 끝에 미국 건국의 아버지이자 가장 지혜롭다는 벤자민 프랭클린에게 의사결정에 대한 도움을 청했다. 얼마 뒤, 프랭클린으로부터 편지가 왔다. 내용은 대략 이러했다.

「사람은 종종 어려운 결정을 내려야 하는 순간에 직면하곤 하지. 그 문제를 심사숙고하는 동안에는 대부분 칭찬과 반대에 대한 이유가 한꺼번에 머릿속에 떠오르지 않아 문제해결이 더욱 어려운 것 같네.

이런 복잡한 문제를 해결해야 할 때 나는 종이 한 장을 가져다 가운데 줄을 그어 반으로 나눈 다음 한쪽 칸에는 찬성을, 다른 한쪽 칸에는 반대를 적은 뒤 며칠 동안 고민하면서 그때마다 떠오르는 생각을 각각의 난에 기록한다네.

이런 식으로 찬성과 반대의 이유를 한 곳에 적어놓고 각각의 이유에 대한 중요성을 평가해본다네. 그리고 찬반 양쪽에 메모되어 있는 생각이 동일하다고 판단되면 두 가지 생각을 제외시켜 버리지. 찬성 쪽에 쓴 한가지 이유가 반대쪽에 쓴 두 가지 이유와 동일하다고 판단될 때는 세 가지 모두 지운다네. 마찬가지로 반대쪽에 쓴 두 가지 이유가 찬성 쪽에 쓴 세 가지 이유와 동일하다고 판단되면 다섯 가지를 모두 지운다네.

이 과정을 반복하다 보면 결국 찬성과 반대 의견이 어느 쪽으로 기우는 지 분명히 드러나게 된다네. 아무쪼록 가장 좋은 의사결정을 내리길 바라네.

벤자민 프랭클린」

출처: 피커 드러커 의사결정의 순간

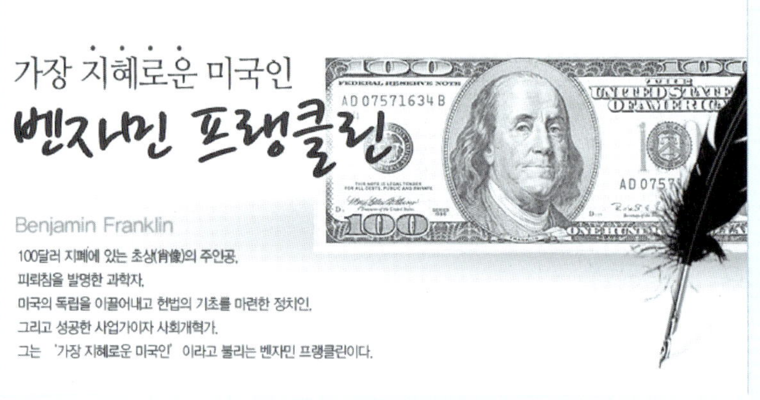

[팀 활동]

벤자민 프랭클린의 합리적 의사결정 방식에 대해 생각해 보자.

1. 위의 의사결정에 필요한 자원들은 무엇이 있는가?

____

____

2. 위와 같은 방식의 의사결정은 어떤 장점과 유용함이 있는가?

____

____

2. 합리적 사고 과정

사람이라면 누구나 문제에 직면하게 되고 또 해결책을 찾아야 함은 두말할 나위 없는 사실이다. 따라서 문제해결 능력은 직장인이면 누구나 갖추어야 할 기본 소양이라 할 수 있다. 특히 해결방안에 대한 목표를 정하여 몇 가지 대안을 찾아보고 가장 실행 가능한 최상의 방법을 선택하는 합리적인 사고과정은 매우 중요하고 필요한 역량이다.

1) 합리적 사고 과정

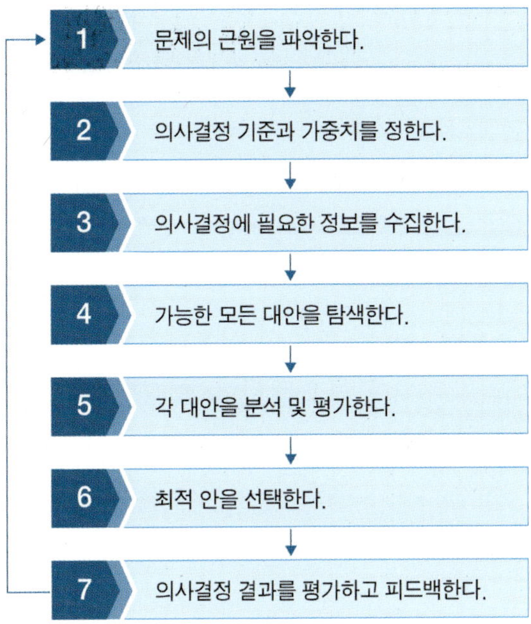

[그림 3-1] 합리적 사고 과정

(1) 합리적 사고를 위해 어떤 문제의 의사결정에 앞서서 발생된 문제가 어떤 원인에 의한 것인지, 문제의 특성이나 유형은 무엇인지를 파악한다.

(2) 합리적 사고를 위한 의사결정의 기준과 가중치를 정한다. 이 단계에서는 개인의 관심, 가치, 목표 및 선호에 따라 의사결정을 할 때에 무엇을 중요하게 생각하고 중요한지가 결정되게 된다. 즉, 사람에 따라 어떤 사람은 매우 적절하다고 생각하는 기준이나 가치가 다른 사람에게는 그렇지 않을 수 있다. 사람에 따라서는 일하는 방식이나 생활 방식이 맞지 않는 경우도 있다.

(3) 의사결정에 필요한 정보를 수집한다. 의사결정을 위해서는 판단의 자료가 필요하다. 그러나 이러한 자료를 너무 많이 수집할 경우에는 시간이나 비용의 소모가 크며, 너무 적게 수집하면 다각도로 검토할 수가 없으므로 적절히 수집할 필요가 있다.

(4) 합리적 의사결정을 위한 가능한 모든 방법과 대안을 찾는다.

(5) 가능한 대안들을 앞서 수집한 자료에 기초하여 합리적인 의사결정 기준에 따라 장단점을 분석하고 평가한다.

(6) 여러 가지 대안 중 합리적인 가장 최적의 안을 선택하거나 결정한다.

(7) 합리적 사고를 위한 의사결정을 내리면 결과를 분석하고 다음에 더 좋은 의사결정을 내리기 위하여 피드백 한다. 의사결정자는 자기 탐색의 과정을 거쳐서 의사결정 기준을 세울 필요가 있으며, 가능한 모든 평가기준과 대안들을 찾고, 각 대안들을 객관적이고 정확하게 평가할 수 있어야 한다.

2) 문제의 특성 분석

문제의 특성을 분석할 때, 제일 먼저 해야 할 일은 문제에 관한 기본적 정보를 종합적으로 수집, 정리하고 이를 기초로 문제의 본질을 이해하는 것이다. 문제의 본질을 정확하게 이해해야만 문제의 원인을 정확하게 찾아낼 수 있고, 문제를 해결하기 위한 효과적인 아이디어를 개발할 수 있다. 그러므로 문제의 본질을 분석하는 일은 문제의 진단 과정에서 가장 중요한 부분이다.

- 문제는 언제, 어디서, 왜 발생하였는가?
- 문제를 해결하지 않으면 어떤 영향을 주는가?
- 문제에 관련된 사람들은 누구인가?
- 문제에 관련된 사람들의 이해관계는 어떠한가?
- 문제의 목표는 무엇인가?
- 문제와 유사한 사례들은 어떤 것이 있는가?
- 문제는 어떻게 변화하고 있는가?

문제에 관련된 모든 정보, 사실, 가정은 사람이 만든 것이기 때문에 오류가 있을 가능성이 높다. 그래서 문제에 관련한 정보와 사실들을 객관적으로, 과학적으로 점검하면서 문제의 본질을 정확히 이해하고 분석하는 것이 중요하다. 또한 문제의 본질을 분석할 때는 개인보다는 그룹으로 함께 하는 것이 중요하다.

3) 문제의 원인 분석

문제의 본질을 이해한 다음에는, 문제를 일으키는 원인을 정확하게 찾아내야 한다. 문제의 원인을 정확하게 찾아내지 못하면 문제의 해결방안을 찾을 수 없기 때문에 문제해결은 실패하게 된다. 또한 문제원인을 분석하는 과정에서 가장 주의해야 할 일 중 하나는 문제의 책임소재에 너무 집착하지 말아야 한다. 문제의 원인을 분석하는 과정에서 책임소재를 따지면 원인을 정확하게 분석하지 못할 가능성이 발생한다. 그러므로 원인을 분석할 때는 무엇(what)이, 왜(why) 발생하였는지에 집중하여 분석하고, 누가(who) 책임을 져야 하는지에 대해서는 미루는 것이 바람직하다.

사례연구 2

나이키와 구글의 경쟁상대

몇 년 전 '나이키의 경쟁상대는 닌텐도다' 라는 책이 세인들의 관심을 끌었다. 세계 최고의 스포츠 브랜드인 나이키가 왜 같은 업종에 속한 아디다스, 리복 등이 아닌 전혀 상관없을 것 같은 게임기 업체 닌텐도를 경쟁자로 여기고 있는 것일까?

의외로 답은 간단하다. 나이키의 주 고객은 바로 청소년들인데 만약 이들이 닌텐도 게임에 정신이 팔려 게임에만 몰두하게 되면 집 밖으로 운동을 즐기러 나가는 시간이 줄어들게 될 것이기 때문이다. 결국 운동화를 신을 시간이 줄어들면 그만큼 나이키는 매출에 지장을 받을 수밖에 없다. 단순한 신발업체 간의 경쟁이 아닌 스포츠 업체와 게임업체가 서로 경쟁하고 있다.

그렇다면 세계 최고의 할인 유통점인 월마트의 경쟁상대는 누구일까? 월마트는 세계 최고의 검색 업체인 구글을 예의 주시하고 있다. 왜냐하면 구글이 만든 쇼핑폰이 상품 바코드에 갖다 대기만 하면 위치정보, 검색기능을 통해 인근에서 가장 싸게 판매하는 매장을 안내해 줄 수 있기 때문이다. 즉, 구글에서 월마트보다 저렴한 가격에 파는 곳을 검색해 보면 월마트가 지금까지 이어 온 'Every Day Low Price'라는 이미지가 무너질 수 있다는 것이기 때문이다.

출처: 장재윤, '나이키의 경쟁상대는 닌텐도다'

[팀 활동]

1. 위의 사례에서 경쟁상대를 분석할 때 동종 업체가 아닌 타 업종에서 경쟁상대를 찾을 수 있었던 이유는 무엇일까 ?

____

____

2. 위와 같은 방식에 의한 분석은 어떤 장점과 유용함이 있는가?

____

____

3. 합리적 사고의 특징

문제해결과 관련한 마지막 해결방안은 문제해결의 성공과 실패를 나타내는 최종 지표라 할 수 있다. 그런데 사람들마다 합리적인 의사결정의 순간에 각기 다른 성향과 특징을 나타나게 된다. 의사결정의 유형별 특징을 통해 직장생활과 사회생활에서 지혜롭고 신중한 의사결정을 할 수 있다.

〈표 3-1〉 합리적 사고의 유형별 특징

사고유형	합리적 사고의 유형별 특징
합리적 유형	의사결정을 전체적이고 종합적인 시각에서 볼 수 있다. 자신의 상황에 대한 정확한 정보를 수집하고 논리적으로 결정을 내리고 그 결정에 대해 책임을 진다. ① 의사결정이 신중하고 합리적이다. ② 심리적 독립과 성장에 도움이 된다. ③ 잘못 되거나 실패할 확률이 낮다. ④ 의사결정에 시간이 걸린다.
직관적 유형	미래를 별로 고려하지 않고 현재의 감정에 중의를 기울인다. 정보 탐색이나 논리적인 평가 없이 상상과 정서적 자각에 기초해서 결정을 내리지만 그 결정에 대해서는 책임을 진다. ① 의사결정이 즉흥적이고 감정적이다. ② 스스로의 선택에 책임을 진다. ③ 잘못되거나 실패할 확률이 높다. ④ 의사결정이 신속하고 빠르다.
의존적 유형	사회적 안정에 대한 욕구가 강하고 의사결정 상황이 여러 가지에 제한 받는다고 생각한다. 의사결정 과정에서 타인에 의한 영향을 많이 받고 결정에 대한 책임을 부정한다. ① 의사결정이 수동적이고 순종적이다. ② 개인적 독립이나 성숙을 방해한다. ③ 실패했을 땐 남의 탓을 한다. ④ 결정을 내릴 때 정서적으로 불안을 내린다.

핵심내용 요약

1. 합리적 사고란 주어진 사실에 근거하여 객관적이고 보편적인 기준에 따라 정확하고 공정한 판단을 내리고, 논리적으로 일관성 있게 주장하는 것을 말한다.

2. 합리적 사고를 위해서는 기존 방식에 대한 끊임없는 자기비판과 대안 제시의 과정이 필요하며, 주어진 정보와 추론에 무조건 의지하지 않고, 여러 대안을 비교함으로써 가장 적절한 해결방안을 구할 수 있다.

3. 합리적 사고 과정은 다음과 같다.

1. 문제의 근원을 파악한다.
2. 의사결정 기준과 가중치를 정한다.
3. 의사결정에 필요한 정보를 수집한다.
4. 가능한 모든 대안을 탐색한다.
5. 각 대안을 분석 및 평가한다.
6. 최적 안을 선택한다.
7. 의사결정 결과를 평가하고 피드백한다.

4. 문제의 특성을 분석할 때, 제일 먼저 해야 할 일은 문제에 관한 기본적 정보를 종합적으로 수집, 정리하고 이를 기초로 문제의 본질을 이해하는 것이다.

5. 문제원인을 분석할 때는 무엇(what)이, 왜(why) 발생하였는지에 집중하여 분석하고, 누가(who) 책임을 져야 하는지에 대해서는 미루는 것이 바람직하다.

6. 합리적 사고의 유형은 합리적 유형, 직관적 유형, 의존적 유형이 있다.

MEMO

MEMO

CHAPTER 04

합리적 사고 개발

학습내용

1. 합리적 사고 개발
2. 합리적 의사결정과 집단의사 결정
3. 합리적 의사결정 질문과 거절

학습목표

1. 합리적인 의사결정 방법을 설명할 수 있다.
2. 합리적인 의사결정을 위한 질문을 설명할 수 있다.
3. 합리적인 거절의 기술을 설명할 수 있다.

주 / 요 / 용 / 어

- 합리적 사고 개발
- 합리적 의사결정 방법
- 집단의사 결정
- 합리적 의사결정 질문
- 합리적 거절

미리보기

동물의 왕을 뽑기 위해 세상의 모든 동물들이 한자리에 모였다.

육지 동물들은 사자를, 새들은 독수리를, 물고기들은 고래를 왕으로 추대했다.

한 치도 물러섬이 없이 자신들을 대표하는 동물이 왕이 되기를 원했다.

서로를 비판하는 과정에서 동물들은 사자, 독수리, 고래는 전체 동물을 대표하기에는 치명적인 약점이 있다는 사실을 알게 되었다.

사자는 하늘과 물에서 살수가 없었다. 독수리는 하늘에서만 강하고 물에서는 살구 없었다. 고래는 물 밖의 생활 자체가 불가능했다. 그래서 동물들은 육지, 하늘, 물의 세 지역에서 모두 살 수 있는 동물을 왕으로 선택하기로 했다.

그 결과 어이없게도 오리가 왕으로 추대 받았다. 똑똑한 사람들이 내리는 바보 같은 의사결정이다.

위의 사례에 대한 다음 질문에 대하여 각자의 생각을 정리하고, 자신의 의견을 팀원들과 공유하자.

1. 위의 결정은 무엇이 어떻게 잘못된 것일까?

2. 위에서 가장 중요한 핵심은 무엇이며, 합리적으로 의사결정을 결정하기 위한 방법은 어떠한 것이 있을까?

1. 합리적 사고 개발

기업들은 생존과 경쟁을 위해서 수많은 문제를 해결하고 합리적인 의사결정을 해야 한다. 특히 모든 것이 급격하게 변화하고 있는 경영환경 속에서 기업들은 과거에 경험하지 못한 수많은 문제들을 해결해야 한다. 이들 문제들을 어떻게 찾아내고, 해결하느냐에 따라서 기업의 경쟁력이 결정된다. 따라서 기업에서의 당면한 문제해결을 위한 합리적인 의사결정능력은 어느 때 보다 중요해지고 있다.

1) 합리적 의사결정 방법

이처럼 중요한 문제들을 어떻게 해야 하는가? 모든 문제해결과 의사결정은 네 단계 과정을 거쳐 수행되어야 한다. Herbert Simon의 의사결정 모델은 다양한 형태의 문제해결과 의사결정 모델들로 발전 되었다.

(1) Simon의 의사결정 모델

[그림 4-1] 사이먼의 의사결정 모델

① 탐색단계: 해결해야 할 문제를 찾아내고 분석하는 단계

② 설계단계: 분석한 문제를 해결하기 위한 대안을 개발하는 단계

③ 선택단계: 개발된 대안 중에서 최적의 대안을 선택하는 단계

④ 실행단계: 선택한 대안을 실행하는 단계

(2) 의사결정 스타일

동일한 사안이나 상황이라도 이를 받아들이는 의사결정자의 스타일 때문에 문제해결과정이나 결과가 달라질 수 있다. 특히 의사결정자의 스타일은 기회탐색 유형에 큰 영향을 준다. 혁신적이고 진취적인 의사결정자는 끊임없이 개선하고 변화하려는 노력을 하는 반면, 현실에 만족하는 사람은 목표를 달성하면 더 이상의 새로운 고민을 하지 않는다.

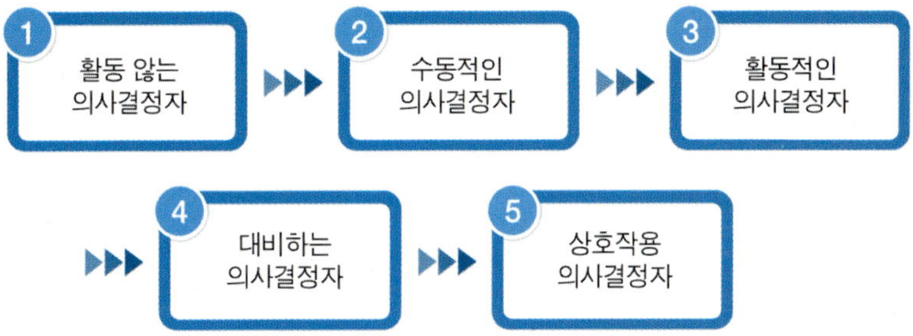

[그림 4-2] 의사결정 스타일

① **활동 않는 의사결정자**

어떤 문제가 발생했을 때 그 문제를 해결하기보다는 문제를 무시하고 피하려는 의사결정자이다. 이런 의사결정자는 현안을 수행하는 데만 관심이 많고, 문제해결과 동기부여도 전혀 없는 특징을 보인다.

② **수동적인 의사결정자**

문제에 대해서 위협을 느끼고 해결을 하고자는 하나 과거의 해결방식을 이용해서 문제를 해결하려는 수동적인 의사결정자이다. 이런 의사결정자는 현재 상

태가 흔들리는 것을 싫어하고, 문제를 해결하기 위해서 약간의 변화만 취하려는 특징을 보인다.

③ 활동적인 의사결정자

기업과 조직에서 문제를 끊임없이 찾아다니면서 현 상태에 도전을 하고 새로운 변화를 추구하면서 문제를 해결하려는 특징을 보인다. 이들 의사결정자들은 위기상황에서 뛰어난 능력을 보이며, 문제를 적으로 여긴다.

④ 대비하는 의사결정자

앞으로 발생할 수 있는 문제를 예측하고 그에 대한 대응방안을 만들려는 의사결정자이다. 이 의사결정자는 미래 상황을 예측해서 그에 따른 문제와 기회를 찾아내어 다양한 대안을 만들고, 사전에 대비하려는 경향을 보인다, 이들 역시 문제를 적으로 여긴다.

⑤ 상호작용 의사결정자

미래의 문제를 예측해서 풀어내기보다는 미래에 문제가 발생하지 않도록 현재 문제를 해결하려는 의사결정자이다. 앞의 네 종류의 의사결정자와는 달리 문제를 단순한 적이 아닌 기회와 적으로 동시에 보는 시각을 갖고 있으며, 이 방식은 참여적이고 전체적인 관점에서 접근하기 때문에 매우 유연한 문제해결 방식을 가지고 있다.

2) 집단의사결정

의사결정은 주체가 누구에 의해 이루어지느냐에 따라서 개인의사결정과 집단의사결정(group decision making)이 있다. 즉 집단의사결정은 집단의 합의에 의해 이루어진다.

그러나 집단적 사고는 구성원의 의견 일치를 이루어 내려는 유형·무형의 압력 때문에 합리적인 의사결정이 이루어지는 경우도 발생하지만, 개인의 결정보다는 합리적인 결정을 낳는다.

(1) 집단의사결정의 특징

조직 내에서는 개인이 단독으로 의사결정을 내리는 경우도 있지만 집단이 의사결정을 하는 경우도 있다. 집단의사결정은 한 사람이 가진 지식보다 집단이 가지고 있는 지식과 정보가 더 많아 효과적인 결정을 할 수 있다. 또한 다양한 집단구성원이 갖고 있는 능력은 각기 다르므로 각자 다른 시각으로 문제를 바라봄에 따라 다양한 견해를 가지고 접근할 수 있다.

집단의사결정을 할 때 결정된 사항에 대하여 의사결정에 참여한 사람들이 해결책을 수월하게 수용하고, 의사소통의 기회도 향상되는 장점이 있다. 반면에 의견이 불일치하는 경우 의사결정을 내리는데 시간이 소요되며, 특정 구성원에 의해 의사결정이 독점될 가능성이 있다.

(2) 집단의사결정 시 유의점

① 집단사고의 발생원인

- 집단응집성(우리가 남이가? 우리는 하나다)
- 리더의 행동(사장님이 하라고 했다)
- 시간압력(내일까지!)
- 의사결정 절차의 부재(반대하는 사람은 발 들어!)

② 집단의사결정 시 필요한 점

제안에 대한 자유로운 비판이 가능한 개방적인 분위기를 조성하는 리더십이 필요하다. 경영자는 시간의 압력에 대하여 다각도에서 의사결정의 질을 평가하는 제도적 장치가 마련되어야 한다.

③ 일단 결정이 내려지더라도 리더는 재차 회의를 소집하여 다시 점검, 논의하는 시간을 갖도록 한다.

(3) 효과적인 집단의사결정 방법

① 브레인스토밍

알렉스 오스본(Alex Osborn, 1888 1966)은 광고회사 비비디오(BBDO) 창립자의 한 사람으로, 1941년에 고안한 그룹발산기법으로 그의 저서 독창력을 신장하라(1953)로 널리 소개되었다. 그는 브레인스토밍을 '머리를 써서 어떤 문제를 공격하는 것'으로 간단히 정리했는데, 이 개념은 회의실에서 신입사원들이 말을 꺼내지 못하는 것을 보고 생각했다고 한다.

오스본과 그의 동료들은 1939년에 브레인스토밍(brain storming) 기법을 창안했는데, 보통 5~8명으로 팀을 구성해 아이디어를 내고 더 좋은 아이디어로 발전시킴으로써 '두뇌 폭풍(brain storm)'을 일으킨다. 아이디어들이 확산되며 눈덩이 뭉쳐지듯 연쇄적으로 이어지기 때문에 눈 굴리기(snow bowling) 기법이라고도 한다.

창의적인 사고를 위한 발산방법 중 가장 흔히 사용되는 방법으로, 여러 명이 한 가지의 문제를 놓고 아이디어를 비판 없이 제시하여 그 중에서 최선책을 찾아내는 방법으로, 다음과 같은 4가지 규칙을 준수하는 것이 중요하다.

- 비판엄금
  다른 사람이 아이디어를 제시할 때에는 비판하지 않는다.
- 자유 발상
  문제에 대한 제안은 자유롭게 이루어질 수 있다.
- 다다익선
  아이디어는 많이 나올수록 좋다.

• 편승 활용

모든 아이디어들이 제안되고 나면 이를 결합하고 해결책을 마련한다.

② **브레인 라이팅**

브레인라이팅(brain writing)은 1968년에 독일의 베른트 로르바흐(Bernd Rohrbach) 교수가 브레인스토밍의 문제점을 극복하기 위하여 창안한 것으로, 브레인스토밍에서는 개인의 의견이나 아이디어를 주로 말로 표현하지만 브레인라이팅에서는 문자 그대로 글로 표현한다. 그는 브레인스토밍의 문제점을 극복한다는 사명감으로 '브레인 라이팅' 발상법을 제시했다. 브레인라이팅법의 장점은 다음과 같다.

- 정확한 기록을 남길 수 있다.
- 혼자서도 할 수 있다.
- 몇 천 명이 있어도 가능하다.
- 시간 관리를 완벽하게 할 수 있다.
- 구성원 전원이 참여한다.
- 한자리에 모이지 않고 인터넷으로도 가능하다.

보통은 포스트잇을 이용하여 많이 도출된 의견을 취합하고 정리하지만 요즘과 같은 스마트

시대엔 스마트 폰의 메모기능을 활용하여 본인들의 아이디어를 작성한 다음 조장에게 카카

오톡으로 보내 취합하는 방법도 많이 사용되어진다.

사례연구 1

티모시 가워스라는 유명한 수학자가 있다. 수학계의 노벨상인 필즈 메달을 수상했으며 헐리우드 영화들의 과학 컨설턴트로도 활동하는 수학자이다. 그런 그에게도 어려운 문제가 있기 마련이다. 매번 풀려고 노력했지만 풀지 못했던 문제 중에 '다차원 객체 속성에 대한 증명'이 있었다.

그는 자신이 풀지 못한 이 문제를 자신의 블로그에 올렸다. 그의 행동은 경쟁이 치열하고 자존심 싸움도 심한 수학계에서는 예외적인 사건이었다. 그 결과는 어떻게 되었을까?

그가 올린 프로젝트는 세계적인 방향을 일으켰다. 수많은 일반 독자들과 세계 곳곳의 대학 교수들이 문제를 풀 수 있는 새로운 아이디어와 정보를 공유하기 시작했다.

이렇게 몇 주가 지나자 이 문제를 풀기위해 자신의 의견을 제출한 사람들이 40명을 넘어섰다. 혼자 해결할 수 없었던 문제가 집단지성의 힘으로 조금씩 풀려나가기 시작했다. 이들의 협업은 여러 편의 논문과 과학저널에 발표되기도 하였다.

이런 접근방식이 항상 성공하는 것은 아닐 것이다. 한 가지 확실한 것은 다양한 사람들이 가지고 있는 다양한 지식과 태도가 융합을 통해 놀라운 결과를 만들어 낸다는 것을 증명한 것이다.

집단의사결정도 다양한 사람들의 다양한 경험과 아이디어에서 창조될 수 있는 융합적인 의사결정 방법인 것이다.

위의 사례에 대한 다음 질문에 대하여 각자의 생각을 정리하고, 자신의 의견을 팀원들과 공유하자.

1. 풀리지 않던 문제가 집단지성의 힘으로 풀 수 있었던 원인은 무엇일까?

___

___

2. 위와 같은 집단의사결정방법에서 무엇을 적용할 수 있을까?

___

___

2. 합리적 의사결정

1) 합리적 질문법

합리적인 의사결정을 위한 끊임없는 노력은 아무리 강조해도 지나치지 않다. 효과적인 노력의의 실효성을 위해 5W 1H의 질문법을 스스로 되새기며 반복하는 습관을 갖는다.

〈표 4-1〉 5W 1H 질문법

5W 1H	질문 형태	체크 포인트
Why	왜 하는가? (목적)	그것을 중지할 수 없는가? 일부를 변경하면 어떨까?
When	언제 할 것인가? (시기, 시간)	시기를 바꿀 수 없는가? 동시에 할 수 없는가?
Who	누가 하는가? (사람, 부서)	사람을 바꿀 수 없는가? 그 사람이 추가로 담당하면 어떨까?
Where	어디서 할 것인가? (장소)	장소를 바꿀 수 없는가? 같은 자리에서 할 수 없는가?
What	무엇을 할 것인가? (대상)	그것이 아니면 안 되는가? 모양을 변경할 수 없는가?
How	어떻게 하는가? (방법)	다른 방법은 없는가? 더 축소(연장)할 수 없는가?

2) 일반적 의사결정의 오류

(1) 권위나 직급에 의한 오류

권위 있는 전문가나 직장 상사의 말을 따르는 것이 모두 옳지는 않다.

(2) 관계의 오류

상대의 호의나 친분관계로 인한 부담으로 인해 요구를 거절하지 못하는 경우가 있다.

(3) 사회적 증거의 오류

베스트셀러를 사는 것처럼 많은 사람들이 하는 것을 무의식적으로 따라 간다.

(4) 호감의 오류

자신에게 호감을 주는 상대의 권유에 무의식적으로 따라가거나 동조한다.

(5) 희귀성의 오류

'얼마 남지 않았습니다.', '이번이 마지막 기회입니다'라는 유혹에 꼭 필요하지 않은 것임에도 결정하는 경우가 있다.

사례연구 2

거절의 결정 - Yes or No?

소규모 제조 회사의 생산관리 팀장인 어떡해씨는 오늘 사장으로부터 한 가지 놀라운 제의를 받았다. 소규모 제조회사연합회에 이사 자리를 맡지 않겠냐는 것이었다. 어팀장은 자신에게 그렇게 중요한 자리를 왜 맡기는지와 실제로 무슨 일을 해야 하는 자리인지 물었고, 사장은 이렇게 대답했다.

"뭐, 어팀장 정도면 충분히 할 수 있는 일이예요. 실제로 아무 일도 할 필요 없이 사무실을 지켜주기만 하면 되요." 어팀장은 좀 의문이 들기는 했지만, 자신의 회사 사장이 부탁하는 일이라 거절하기가 어려워 그 자리에 대하여 정확히 알아보지 않고 선뜻 YES라는 결정을 내렸다.

며칠이 지나고 제조회사 연합회 회장이 어팀장을 부르더니 협회 간부회의가 있다는 얘기를 하였다. 어팀장은 다른 일도 있어서 시간을 내기 어려웠고, 간부회의가 있다고 하니 뭔가 새로운 일을 해야 될 것 같았지만, 이사 자리를 맡았기 때문에 어쩔 수 없이 나가게 되었다.

그런데 간부회의에 참석한 어팀장은 자신이 제조회사 연합회에 소속된 회사 간부 모임을 주최하고, 제조회사 연합회의 홍보활동을 담당하고, 신입회원사를 모집하는 등 많은 책임을 가지고 있다는 것을 알게 되었다.

결국 어팀장은 후회하며, 그제야 자신이 맡은 역할과 그에 따라 앞으로 일어날 일에 대해 걱정이 들었고 손익관계를 따져보기 시작했다.

[팀 활동]

1. 사례에서 어팀장이 내린 결정에 대하여 다음을 생각해보자.
   어팀장이 잘못된 결정을 내린 이유는 무엇일까?

____

____

2. 어팀장이 사장의 제의를 거절하지 못한 이유는 무엇인가?

____

____

3. 합리적 거절

1) 직장에서 바람직한 Yes와 No

직장에서의 'No'를 분명하게 결정하고 이를 표현하는 것은 쉬운 일이 아니다. 사람들은 자신이 거절을 하게 되었을 때, 다른 사람들이 자신을 능력이 없다고 보거나 예의가 없다고 보지는 않을까, 다른 사람과의 관계가 깨지지 않을까 하는 등의 고민으로 거절의 의사결정을 주저한다.

직장에서는 어떤 제의나 제안에 대해 'NO'를 할 경우 직장생활에 지장을 주지는 않을까 두렵기 까지 하다. 따라서 거절의 의사결정에는 이 일을 거절함으로써 발생될 문제들과 자신이 거절하지 못해서 그 일을 수락했을 때의 기회비용을 따져보고, 거절하기로 결정하였다면 이를 추진할 수 있는 의지가 필요하다. 거절의 의사결정을 하고 이를 표현하기 위해서는 다음을 유의하여야 한다.

(1) 상대방의 말을 들을 때에는 주의하여 귀를 기울여서 문제의 본질을 파악한다. 잘 이해가 되지 않을 경우에는 다시 한 번 묻는다.

(2) 거절의 의사결정은 빠를수록 좋다. 오래 지체될수록 상대방은 긍정의 대답을 기대하게 되고, 의사결정자는 거절하기 더욱 어려워진다.

(3) 거절을 할 때에는 분명한 이유와 명분을 만들고 이를 이해시켜야 한다. 이유 없는 반대는 오해를 불러올 수 있다.

(4) 상대방의 제의에 거절을 함과 동시에 대안을 함께 제시하며 양해를 구한다. 거절만 하는 것 보다 대안을 제시하면 오히려 긍정의 효과가 있다.

2) 거절의 기술

우리나라 사람들 중에 대부분은 "내가 이걸 거절하면 상대방이 나를 싫어할 거야." 등의 사고방식을 갖고 있는 사람들이 많은데, 이유는 우리나라 사람들의 대부분이 '착한 사람'이 되도록, '순종'하도록 교육을 받아왔기 때문이다. 그러므로 거절에도 기술이 필요하며 특히 매일 얼굴을 마주하는 직장에서는 상대방을 배려하는 거절의 기술이 필요다다.

(1) 시간의 거절 – 생각할 시간을 주세요.

그 자리에서 거절해야 하는 것이 명백한 순간에도, 한, 두시간 정도 생각해 본 후에 거절하라. 같은 거절이라도 잠시 뜸을 들여 고민하는 모습을 보여라. 이것이 그 자리에서 당장 거절하는 것보다 상대의 반발을 덜 사게 된다.

(2) 인정 후 거절 – 정말 좋은 제안이군요.

일단 상대방의 제안을 경청하고 인정해 줘라. 그 다음 다른 일 때문에 바빠서 제안을 수락할 수 없다며 거절해라. 다른 일이 어떤 일인지는 굳이 설명하지 않아도 된다. 부탁보다는 제안을 거절할 때 사용하는 방법이다.

(3) 감사 후 거절 – 저를 찾아주셔서 감사합니다.

부탁 혹은 제휴나 영업이든 그 대상이 된 것은 당신이 나름대로 괜찮다는 증거다. 당신을 찾아와 준 것에 먼저 고마움을 분명하게 표시한 뒤, 부탁들 들어줄 수 없는 이유를 설명하라. 이 방법은 상대의 자존심을 상하지 않게 할 수 있다.

(4) 원칙의 제시 – 원칙적으로 저는 그런 일을 하지 않아요.

'자네 사정은 알겠지만, 난 동료 사이에는 돈을 꿔주지 않는 것을 원칙으로 삼고 있네.' 일정한 자신의 확고한 기준이 거절의 이유라면 상대방의 반발을 덜 사게 되고 개인적인 이유로 거절하는 것보다 더 잘 받아들여진다.

(5) 공감 거절 – 정말 안 됐네요.

상대방은 꽤나 오랜 고민 끝에서야 당신에게 부탁을 하고 있는 것일 수 있다. 들어주기 어려운 부탁이더라도, 거절에 앞서 그 사람의 이야기를 들어주고 처지를 공감해 주어라. 상대방은 거절을 당하면서도 당신에게 고마워 할 것이다.

핵심내용 요약

1. 기업들은 생존과 경쟁을 위해서 수많은 문제를 해결하고 합리적인 의사결정을 해야 한다. 이들 문제들을 어떻게 찾아내고, 해결하느냐에 따라서 기업의 경쟁력이 결정된다. 따라서 기업에서의 당면한 문제해결을 위한 합리적인 의사결정능력은 어느 때 보다 중요해지고 있다.

2. Simon의 의사결정 모델

① 탐색단계: 해결해야 할 문제를 찾아내고 분석하는 단계

② 설계단계: 분석한 문제를 해결하기 위한 대안을 개발하는 단계

③ 선택단계: 개발된 대안 중에서 최적의 대안을 선택하는 단계

④ 실행단계: 선택한 대안을 실행하는 단계

3. 집단의사결정

집단적 사고는 구성원의 의견의 일치를 이루어 내려는 유형·무형의 압력 때문에 합리적인 의사결정이 이루어지는 경우도 발생하지만, 개인의 결정보다는 합리적인 결정을 낳는다.

4. 효과적인 집단의사결정 방법

① 브레인스토밍

- 비판엄금: 다른 사람이 아이디어를 제시할 때에는 비판하지 않는다.
- 자유발상: 문제에 대한 제안은 자유롭게 이루어질 수 있다.
- 다다익선: 아이디어는 많이 나올수록 좋다.
- 편승활용: 모든 아이디어들이 제안되고 나면 이를 결합하고 해결책을 마련한다.

② 브레인라이팅

브레인스토밍에서는 개인의 의견이나 아이디어를 주로 말로 표현하지만 브레인라이팅에서는 문자 그대로 글로 표현한다. 그는 브레인스토밍의 문제점을 극복한다는 사명감으로 '브레인 라이팅' 발상법을 제시했다.

MEMO

MEMO

CHAPTER 05

창의적 사고

학습내용

1. 창의적 사고의 정의
2. 창의적 사고의 특징
3. 창의적 사고의 적용

학습목표

1. 창의적 사고의 정의를 말할 수 있다.
2. 창의적 사고의 특징을 설명할 수 있다
3. 창의적 사고를 적용하는 방법을 설명할 수 있다.

주 / 요 / 용 / 어

- 창의적 사고
- 창의적 사고의 특징
- 창의적 사고의 적용
- 발산적 사고

미리보기

"4차 산업혁명 시대에 필요한 인재 길러야"

"인공지능(AI)과 사물인터넷(IoT)이 점점 발달하고 있습니다. 이를 도입한 새로운 교육방식을 개발해 창의적인 수업을 하지 못한다면 지금의 교사들은 AI에게 밀려 설 자리를 잃게 될 수 있습니다."

폴 킴 미국 스탠퍼드대 교육대학원 부학장은 서울에서 열린 '2018 과학창의 연례컨퍼런스'에서 "암기식 교육법을 고치지 않으면 4차 산업혁명 시대에 맞는 인재를 키울 수 있는 게 없다. 지금도 AI에 얼굴 이미지와 목소리만 입력하면 원하는 대로 움직이며 내용을 설명하게 만들 수 있다"며 "본인이 좋아하는 아이돌 가수의 이미지를 AI에 접목한 교사가 머지 않아 탄생할 수 있다"고 말했다.

킴 부학장은 "인간이 AI 교사에게 밀리지 않으려면 지금보다 더 창의적인 수업을 구성할 수 있어야 한다"고 말했다. 킴 교수는 미국의 실리콘밸리에서 이뤄지는 한 수업의 사례를 들었다.

수업에선 의사가 심장 혈관을 내시경으로 보며 시술하는 상황을 연출하는 데 이때 학생들은 3D프린터로 심장을 비롯한 혈관을 제작하고 인체 모형 내부에 배치하는 식으로 인체를 재현한다. 학생들은 직접 짠 프로그램으로 내시경 카메라 영상을 보면서 문제를 파악하고 해결하는 작업을 하게 된다.

킴 부학장은 창의적인 수업과 함께 기본적인 지식을 전달하는 교육도 함께 강화해야 한다는 지적도 내놨다. "한국에서 대학수학능력시험이 중요한 것처럼 미국의 학부모나 학생들도 대학입학 자격시험(SAT)을 중요하게 생각한다. 기본적인 지식을 전달하는 교육과 창의적인 사고를 위한 교육을 적절히 융합해야 할 것"이라고 말했다. 이날 행사에 참석한 이갈 에를리히 이스라엘 요즈마그룹 회장은 "유대인이 왜 노벨상을 많이 받느냐는 질문을 많이 받는다. 그 근본에는 각자가 창의적으로 생각할 수 있도록 돕는 사고가 깔려 있다"고 말했다.

출처: 2018 동아사이언스 김진호

대부분의 사람은 창의력을 아주 특별한 사람만이 가지고 있다고 생각하고 자신과 무관한 능력으로 생각하고 있다. 그러나 직업인들에게 창의적 사고 능력은 문제해결의 기본적 요소이다. 과연 창의적인 사고는 무엇일까? 창의적인 사고는 사회나 개인에게 새로운 가치를 창출하는 능력으로 직업인들은 기본적으로 갖추어야 할 덕목으로 간주되고 있으며, 조직에서도 창의적인 사고를 하는 사람들을 찾고 선호하는 경향을 보인다. 그러나 사람들은 창의적 사고를 대단하게 생각하는 잘못된 편견을 가지고 있다. 하지만 창의적 사고는 누구에게나 있는 능력으로 일상생활에서 끊임없이 창의적 사고를 계속하고 있다. 다음 사례를 통해서 창의적 사고의 의미를 알아보도록 하자.

1. 창의적 사고의 정의

문제를 빠르게 해결했다고 해서 그 사람을 창의적이라고 할 수는 없다. 안 풀리는 문제, 해답이 많은 문제, 때로는 정답이 없는 문제를 해결하는 사람이야말로 창의적인 사람이라고 할 수 있다. 이렇듯 창의적인 사고란 당면한 문제를 해결하기 위해 이미 알고 있는 경험과 지식을 해체하여 다시 새로운 정보로 결합함으로써 가치 있고 참신한 아이디어를 산출하는 사고로서, 다음과 같은 의미를 포함하고 있다.

- 창의적인 사고는 발산적 사고로서, 아이디어가 많고, 다양하고, 독특한 것을 의미한다.
- 창의적인 사고는 새롭고 유용한 아이디어를 생산해 내는 정신적인 과정이다.
- 창의적인 사고는 통상적인 것이 아니라 기발하거나 신기하며 독창적인 것이다.

- 창의적인 사고는 유용하고 적절하며, 가치가 있어야 한다.
- 창의적인 사고는 기존의 정보(지식, 상상, 개념 등)들을 특정한 요구조건에 맞거나 유용하도록 새롭게 조합시킨 것이다.

2. 창의적 사고의 특징

창의적 사고는 다음과 같은 세 가지 특징을 보인다.

첫째, 창의적 사고란 정보와 정보의 조합이다.

여기에서 말하는 정보에는 주변에서 발견할 수 있는 지식(내부 정보)과 책이나 밖에서 본 현상(외부 정보)의 두 종류가 있다. 이러한 정보를 조합하고 그 조합을 최종적인 해답으로 통합해야 하는 것이 창의적 사고의 첫 걸음이다.

둘째, 창의적 사고는 사회나 개인에게 새로운 가치를 창출한다.

창의적 사고는 개인이 갖춘 창의적 사고와 사회적으로 새로운 가치를 가지는 창의적 사고의 두 가지로 구분된다. 아이들의 창의적 사고는 어른들이 보기에는 보잘 것 없어 보일 수도 있다. 하지만 아이들에게는 새로운 가치가 될 수 있는 것이다. 그리고 개인이 갖춘 창의력은 계발을 통해서 그 능력을 키울 수 있다. 따라서 단순히 사회에 대한 영향력이라고 하는 것 외에도 개인이 창의적 사고를 얼마나 발전시킬 수 있는가 하는 점도 생각할 필요가 있다.

셋째, 창의적 사고는 창조적인 가능성이다.

이는 "문제를 사전에 찾아내는 힘", "문제해결에 있어서 다각도로 힌트를 찾아내는 힘", "문제해결을 위해 끈기 있게 도전하는 태도" 등이 포함된다. 다시 말해서 "창의적 사고"에는 사고력을 비롯해서 성격, 태도에 걸친 전인격적인 가능성까지도 포함된다.

이러한 창의적인 사고는 창의력 교육훈련을 통해서 개발할 수 있으며, 모험심, 호기심, 적극적, 예술적, 집념과 끈기, 자유 분방적일수록 높은 창의력을 보인다.

창의적으로 사고하기

흔히 우리는 창의적인 사고에 대해 특별한 사람들만이 할 수 있는 대단한 능력이라고 생각한다. 하지만 우리는 일상생활 속에서 창의적인 사고를 끊임없이 하고 있다. 예를 들어 일상생활에서 필요한 물건을 구입하고자 할 때 좋은 물건을 싸게 사기 위해서 많은 생각을 해 본 경험은 누구에게나 있을 것이다. 이것이 바로 창의적인 사고이다. 창의적 사고는 무에서 유를 만들어 내는 것이 아니라 끊임없이 참신한 아이디어를 산출하는 힘으로써, 필요한 물건을 싸게 사기 위해서 하는 많은 생각 역시 창의적 사고이다.

"걸레질하기 정말 싫었죠. 스팀과 청소가 한 번에 되는 새로운 청소기는 없을까 생각했습니다" 평범한 주부에서 이제는 연매출 1,000억원대의 중견기업 대표가 된 한경희 대표의 스팀청소기 개발 이유이다.

또한 우리가 커피숍에서 흔히 사용하는 주름빨대는 일본의 한 주부가 병상에 누워 있는 아이에게 쉽게 물을 먹이기 위해 개발한 상품이다.

즉 창의적인 사고는 노벨상을 수상할 만큼 위대한 창의적 사고에서부터 한경희 대표나 주름빨대처럼 일상생활의 조그마한 창의적 사고까지 그 폭이 대단히 넓으며, 우리는 매일 매일 창의적 사고를 하고 있다고 볼 수 있다.

- 당신이 만약 쇳덩어리 하나를 있는 그대로 그냥 팔면 5달러 정도 받을 것이다.
- 만약 당신이 그 쇳덩어리를 가지고 말발굽을 만들어 판다면 10달러 50센트까지 가치를 높여 팔 수 있을 것이다.
- 그런데 말발굽 대신 바늘을 만들어 팔면 3,285달러를 받을 수 있을 것이고, 혹은 시계의 부속품인 스프링을 만들어 판다면 25만 달러 정도까지 그 값어치를 높일 수 있을 것이다.
- 5달러와 25만 달러와의 차이, 이것이 바로 창의력인 것이다.

3. 창의적 사고의 적용

1. 다음 그림은 어느 도시 철도를 잇는 15개 역을 나타낸 것이다. 이 철도의 요금 체계는 바로 이웃하는 역까지를 1구간으로 하고, 그 역에서 2구간씩 멀어지는 데 따라 올라가게 되어 있다. 예를 들면 '봉'역의 요금표는 1~2구간, 3~4구간, 5~6구간의 3개로 구분되어 있다. 이때 어느 커피전문점의 본사는 '봉'역 근처에 있고, 3개의 프랜차이즈는 '봉'역을 기점으로 하여 각각 다른 요금 구간 내의 역 근처에 있다. 또한 각 프랜차이즈 간의 왕래에 필요한 최저 요금은 모두 같다.

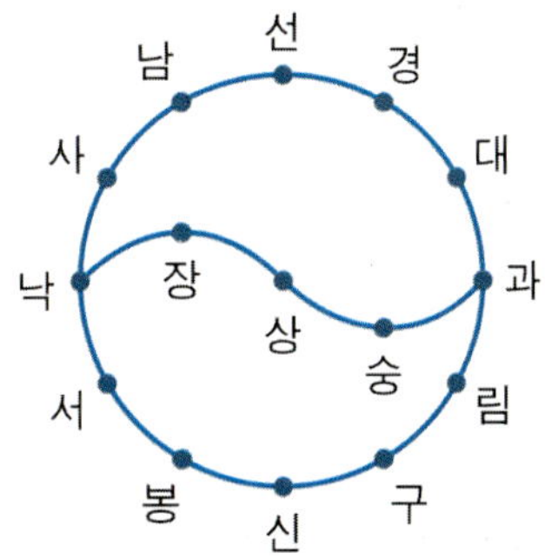

이 경우 이 커피전문점의 3개 프랜차이즈가 근처에 1개도 설치되어 있지 않다고 확실히 말할 수 있는 역은? (단, '봉'역 근처에 각 프랜차이즈 커피점은 없다.)

① '과'역 ② '대'역 ③ '경'역 ④ '선'역 ⑤ '남'역

2. 평면도가 그림(上)과 같은 5층 건물이 있다. 중앙에는 층계가 있고, 층계를 중심으로 복도와 벽이 있는 건물로 모두 4개의 구역으로 되어 있다. 또, 이 빌딩의 입구는 1층의 남쪽 중앙에 있다. 이 빌딩에는 A~F 6개의 회사 외에 몇 개의 회사가 들어 있는데 A~F 6개 회사의 위치는 다음과 같다.

(가) E사는 D사보다 아래에 있고, F사와 벽 하나를 사이에 두고 이웃에 있다.
(나) D사는 두 층을 모두 쓰고 있다.
(다) A사는 D사보다 아래층에 있다.
(라) B사의 바로 위층과 바로 아래층은 D사가 사용하고 있다.
(마) C사는 1층의 안쪽에 있고 E사와 복도를 사이에 두고 마주 보고 있다.

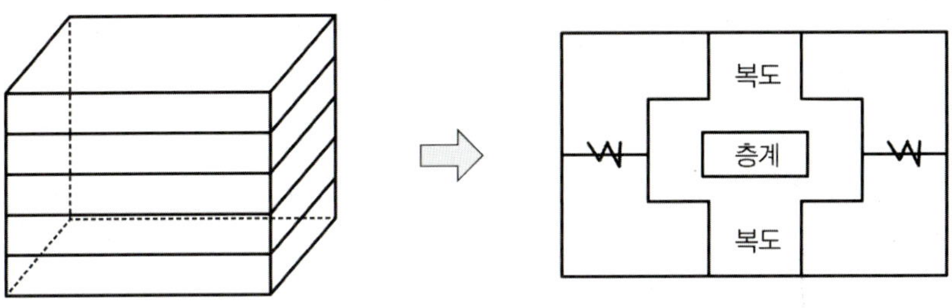

현재 이 건물에는 6개의 회사가 건물을 사용하고 있고, 그 외의 장소는 사용하고 있지 않다면, 다음 중 옳은 것은?

① B사는 3층에 있다.
② 2층은 A사 또는 A사와 B~F 이외의 회사가 사용하고 있다.
③ F사는 입구 쪽 바로 안쪽의 1개의 구역을 사용하고 있다.
④ A사는 1층에는 없다.
⑤ 5층은 D사가 사용하고 있다.

사례연구 1

로버트 루트번스타인은 그의 유명한 저서 〈생각의 탄생〉에서 레오나르도 다빈치, 아인슈타인, 파블로 피카소, 마르셀 뒤샹, 리처드 파인먼, 버지니아 울프, 제인 구달, 스트라빈스키, 마사 그레이엄 등 역사 속에서 뛰어난 창조성을 발휘한 사람들이 공통적으로 사용한 13가지 발상법을 예로 말하고 있는데, 이 책을 통해서 그는 역사상 가장 위대하다고 손꼽히는 천재들이 자신의 창작 경험을 통해 생각하는 법을 어떻게 배웠는지 구체적으로 설명해 준다.

그들의 발상법이란 관찰, 형상화, 추상, 패턴인식, 패턴형성, 유추, 몸으로 생각하기, 감정이입, 차원적 사고, 모형 만들기, 놀이, 변형, 통합 등 13단계로 나누어 직관과 상상력을 갈고 닦아 창조성을 발휘하는 방법을 설명하고 있다.

우리 대부분은 음악을 듣고 그림을 본다. 하지만 창조적 천재들은 그림을 '듣고' 음악을 '본다'. 루치아노 파바로티는 피아노 앞에서 노래를 부르는 것보다 머릿속으로 음악을 '그리는' 경우가 더 많다는 것인데 이것이 바로 청각적 형상화라는 것이다.

레오나르도 다빈치는 패턴 인식을 이용해 새로운 생각을 떠올리곤 했다. 그는 산과 강, 바위를 보며 전투장면이나 기이한 얼굴을 연상하는 등 한 가지 형상에서 무한히 다양한 대상을 그려냈다. 그늘은 마음의 눈으로 관찰하고, 머릿속으로 형상을 그리며, 모형을 만들고, 유추하여 통합적 통찰을 얻었다.

하지만 저자는 창조성이 이들 소수 천재들만의 전유물이 아니라고 말한다. 이들이 활용한 창조적 사고의 도구들을 이용한다면 누구나 창의성의 대가가 될 수 있다는 것이다. 융 · 복합의 시대에 이러한 접근으로 지금까지의 과학과 예술의 성과를 설명하는 것을 보면서 이제는 평범한 우리들도 이러한 방법을 적용하여 창의적 사고를 활용해 볼 수 있을 것이다.

생각해보기

다음은 창의적 사고에 대해서 사람들이 가지고 있는 생각에 관한 것이다. 다음 질문이 맞다고 생각하면 "○"표, 틀리다고 생각하면 "×"표, 둘 다 아니라고 생각하면 "△"표를 하고, 그 이유를 생각해 보자.

1. 창의적 사고력은 선천적으로 타고난 사람들에게만 있다.	( )
2. 지능이 뛰어나거나 현실에 적응을 잘하지 못하는 사람들이 일반인보다 창의적이다.	( )
3. 창의적 사고는 후천적 노력에 의해 개발이 가능하다.	( )
4. 창의적 사고를 하는데 어느 정도의 전문 지식은 필요하지만 너무나 많은 지식은 오히려 창의력을 저해할 수 있다.	( )
5. 창의적으로 문제를 해결하기 위해서는 문제의 원인이 무엇인가를 분석하는 논리력이 매우 뛰어나야 한다.	( )
6. 사람의 나이가 적을수록 창의력이 높다.	( )
7. 어떤 사람이 자신의 일을 하는데 요구되는 지능 수준을 가지고 있다면 그는 그 분야에서 어느 누구 못지않게 창의적일 수 있다.	( )
8. 사람이 상대로부터 신뢰를 받게 된다면 더욱더 창의적이 된다.	( )
9. 창의적 사고란 아이디어를 내는 것으로 그 아이디어의 유용성을 따지는 것은 별개의 문제이다.	( )
10. 창의적 사고를 하기 위해서는 고정관념을 버리고, 문제의식을 가져야 한다.	( )

4. 발산적 사고

발산적(확산적) 사고란 하나의 점에서 펼쳐 나가듯이 사고가 확장되어가는 의미로 창의적 사고의 또 다른 표현이다. 창의적 사고의 특징으로는 많은 조건에서 하나의 해답을 이끌어내는 수렴적 사고와는 달리 발산적(發散的) 사고는 주어진 조건에서 가능한 한 많은 해답을 이끌어내는 사고이며, 어떤 문제에 직면하였을 때 새롭고 의미 있는 착상을 만들어내는 특징을 가지며 발산적 사고는 예술가, 과학자, 기술자에게만 나타나는 것은 아니며, 정도에 차이는 있지만 일반인이나 어린아이에게서도 볼 수 있다.

발산적 사고란?

'비주얼 씽킹'은 나의 생각을 간단한 그림으로 표현, 빠르게 전달할 수 있는 것인데 우리나라에서 주목을 받게 된 것이 5년 정도밖에 되지 않았다.

비주얼 씽킹을 처음 접하면 '나는 그림을 잘 못 그리는데?'라고 생각하며 어렵게 느끼기 쉬운데 우리가 그림을 어렵다고 생각하게 된 때는 학교에 입학, 등수를 나누게 되어 평가하게 된 때부터라며 일반적으로 우리가 생각하는 그림과 달리 비주얼 씽킹은 특별한 기술이 필요하지 않고 빠른 시간에 한 번에 그리는 것이 포인트라고 말했다.

몇 가지 방법을 설명한 명혜리 교수는 우리는 매일 '비주얼 씽킹' 한다고 설명하면서 그것은 바로 이모티콘이라면서 다소 생소한 분야를 쉽게 다가갈 수 있도록 했다. 비주얼 씽킹은 창의적 사고가 기반이 되어야 하는데 이를 위해서는 확산적 사고가 필요하다고 덧붙였다.

1+1이 2라고 생각하지만 우리는 0이 될 수도 있고, 1 또는 3이 될 수 있는 예를 설명하면서 기본적 논리를 바탕으로 한 확산적 사고가 창의적 사고의 첫 단계라고 강조했다.

'낮에 생각한 것이 밤에 보인다'라는 중국 속담이 있는데 이는 꾸준한 노력이 영감으로 된다는 것이므로 반복적인 사고와 노력으로 무에서 유를 만들어낼 수 있을 것이다.

출처: TV report [권영찬 닷컴]

발산적 사고

가위를 생산하는 Q사의 개발부서 1팀과 2팀에게 새로운 가위를 생산하기 위한 아이디어를 제출하라는 지시가 내려왔다. 1팀과 2팀은 모두 부서원들이 참석하는 개발회의를 열었다.

1팀에서는 부서장이 새로운 가위를 개발하기 위해 좋은 아이디어를 부서원들에게 제시해 보라고 하였고, 부서원들은 "몇 번을 잘라도 잘리는 정도가 같은 가위를 개발하는 것이 좋겠습니다", "가위를 손쉽게 가지고 다니기 위해서 가위집으로 덮인 가위를 개발하는 것은 어때요" 등등 이런 저런 아이디어를 제시하기 시작했다. 회의는 여러 가지 아이디어가 제시되면서 열띠게 진행되었다. 그러나 회의가 끝날 무렵, 아이디어는 많이 제시된 것 같은데 정리할 수가 없었다.

반면 2팀에서는 얼마 전 창의력 개발과정에 참여한 부서장을 중심으로 차트와 포스트잇, 필기구를 준비하여, 다양한 아이디어 개발방법을 사용하여 회의를 진행하였다. 그들은 우선 생각나는 대로 자유롭게 아이디어를 제시하게 하고 각 아이디어를 포스트잇에 하나씩 적어나갔다. 그리고 포스트잇에 적힌 아이디어를 종합해서 관련성이 있는 아이디어끼리 묶어 가는 과정을 통해서 신상품 가위의 개발 방향, 방법, 홍보 등에 대한 결론을 내릴 수 있었다.

[창의적 사고의 연습]

창의적 사고를 하기 위해서는 일차적으로 하나의 생각에서 다른 생각을 지속적으로 떠올리는 습관이 중요하다. 다음 예를 참고하여 주어진 규칙에 따라 제시된 단어에서 연상되는 단어를 제시해 보자.

1. 다음 주제와 상반되는 개념을 적어보자.

   예) 산 – 바다

   신차 개발 ______________________________

   고객 서비스 ______________________________

2. 다음 주제와 시간적 · 공간적으로 가까운 개념을 적어보자.

   예) 산 – 강, 숲, 녹색

   신차 개발 ______________________________

   고객 서비스 ______________________________

핵심내용 요약

1. 창의적 사고의 정의

창의적인 사고란 당면한 문제를 해결하기 위해 이미 알고 있는 경험과 지식을 해체하여 다시 새로운 정보로 결합하여 가치 있고 참신한 아이디어를 산출하는 사고이다.

- 창의적인 사고는 새롭고 유용한 아이디어를 생산해 내는 정신적인 과정이다.
- 창의적인 사고는 통상적인 것이 아니라 기발하거나 신기하며 독창적인 것이다.
- 창의적인 사고는 유용하고 적절하며, 가치가 있어야 한다.
- 창의적인 사고는 기존의 정보들을 특정한 요구조건에 맞도록 새롭게 조합시킨 것이다.

2. 창의적 사고의 특징

첫째, 창의적 사고란 정보와 정보의 조합이다.
둘째, 창의적 사고는 사회나 개인에게 새로운 가치를 창출한다.
셋째, 창의적 사고는 창조적인 가능성이다.

3. 발산적 사고

발산적 사고란 사고가 확장되어가는 의미로 창의적 사고의 또 다른 표현이다. 창의적 사고의 특징으로는 많은 조건에서 하나의 해답을 이끌어내는 수렴적 사고와는 달리 발산적(發散的) 사고는 주어진 조건에서 가능한 한 많은 해답을 이끌어내는 사고이며, 어떤 문제에 직면하였을 때 새롭고 의미 있는 착상을 만들어내는 특징을 가지며 발산적 사고는 정도에 차이는 있지만 모든 사람이 가지고 있다.

MEMO

MEMO

CHAPTER

06

창의적 사고 개발방법

학습내용

1. 자유연상법: 브레인스토밍/만다라트법
2. 강제연상법: 체크리스트법/스캠퍼법
3. 비교발상법: NM법/시네틱스법

학습목표

1. 창의적 사고를 개발하는 방법을 설명할 수 있다.
2. 자유연상법을 설명할 수 있다.
3. 강제연상법을 설명할 수 있다.
4. 비교발상법을 설명할 수 있다.

주 / 요 / 용 / 어

- 자유연상법
- 브레인스토밍
- 만다라트법
- 강제연상법
- 체크리스트법
- 스캠퍼법
- 비교발상법
- NM법
- 시네틱스법

미리보기

창의적 사고의 틀 13가지

루트번스타인은 〈생각의 탄생〉이란 책에서 세계에서 가장 창의적인 사람들이 활용하는 사고 방식을 소개하고 있는데, 제4차 산업혁명시대에 필요한 13가지 창의적인 사고의 틀을 정리해 본다.

1. **관찰하기**(observation): 모든 지식은 관찰에서 얻어지며 관찰은 눈에 보이는 것을 넘어선다. 시각, 청각, 후각, 촉각 등 모든 감각을 동원하라. 관찰은 훈련과 연습을 통해 얻게 되는 기술이다.
2. **형상화**(imaging): 우리는 눈에 보이지 않는 관념적 이미지를 음악, 그림, 영상, 운동, 조형 또는 수학공식 등 여러 가지 수단을 통해 형상화할 수 있다.
3. **추출하기**(abstraction): 사물, 사람, 행동 등 모든 대상의 가장 중요한 핵심을 끄집어내는 작업이다. 본질이 드러나도록 대상을 극도로 단순화시키면 숨겨져 있던 속성들이 분명하게 드러난다.
4. **유추하기**(analogizing): 이 세상의 모든 위대한 작품들, 미술, 음악, 문학뿐 아니라 과학이나 발명품들은 서로 전혀 상관없어 보이는 다른 분야의 속성이나 기능을 공유함으로써 완성된 것이다.
5. **패턴찾기**(recognizing patterns): 자연의 법칙이나 수학의 논리, 음악, 춤, 언어 등에 포함된 패턴을 찾아내는 것과 같은 작업이다. 패턴을 찾아내는 일은 무언가 창작할 수 있는 첫걸음이다.
6. **패턴만들기**(forming patterns): 복잡성은 단순한 요소들의 결합에서 생긴다. 음악이든, 미술이든 아니면 춤이나 공학에서도 단순한 속성들이 뜻밖의 방식으로 결합되어 이루어진다는 점이다.
7. **몸으로 생각하기**(body thingking): 논리적으로 설명이 안 되지만 특정의 감각기관을 통하지 않고서도 전신으로 느끼게 되는 감각은 예술이나 과학에서 매우 중요한 역할을 한다.
8. **놀이**(playing): 놀이는 재미뿐만 아니라 아무런 부담없이 새로운 시각에서 배움을 얻을 수 있다. 놀이는 지식을 이해의 단계로 이끌며 새로운 게임이나 규칙을 만들어 낼 수 있다.
9. **변형하기**(transformation): 하나 또는 다수의 상상력 도구들이 상호작용할 수 있도록 연속적 또는 동시다발적으로 사용하는 변형적 사고를 통해 예기치 못한 통찰력을 얻을 수 있다.
10. **통합하기**(synthesizing): 통합적 사고란 고즈넉한 산사에 앉아 차 한잔을 마시는 것과 비교할 수 있는데 느낌, 표현, 기억 등 모든 것이 하나로 합쳐져 세상을 통으로 깨달음을 얻을 수 있는 단계이다.
11. **공감하기**(empathizing): 공감이란 세상을 다른 사람의 눈으로 한번 바라보라는 것이다. 공감은 감정이입이란 의미도 있으며 당신은 당신이 아닐 때 가장 완벽한 이해를 할 수 있다.
12. **모델링**(modeling): 모델은 현실에 실재하는 사물일 수도 있고 숫자는 비현실적인 상상의 산물일 수 있다. 모델링의 핵심은 현실에서 쉽게 접할 수 없는 것에 대한 접근을 가능하게 한다.
13. **다원적 사고**(dimensional thinking): 다원적 사고는 생각의 범위를 1차원에서 3차원 이상의 다차원으로, 지상에서 우주로, 시간과 공간을 넘어서는 또 다른 차원으로 넓혀가는 상상능력이다.

1. 창의적 사고 개발방법

흔히 사람들은 업무를 수행할 때 기존과 같은 생각과 방법으로 해결하려는 경향이 있다. 그러나 같은 문제에 직면하더라도 얼마나 새롭고 다양한 아이디어를 얻느냐에 따라 그 성과는 많은 차이가 난다. 업무 성과를 높일 수 있는 창의적 사고의 개발방법에 대하여 알아보자.

창의적인 사고는 문제에 대해서 다양한 사실을 찾거나 다채로운 아이디어를 창출하는 발산적 사고가 요구된다. 이러한 발산적 사고를 개발하기 위한 방법으로는 자유연상법, 강제연상법, 비교발상법 등이 있으며, 다음과 같이 요약할 수 있다.

방법	내용	예
자유연상법	생각나는 대로 자유롭게 발상	브레인스토밍
강제연상법	각종 힌트에 강제적으로 연결지어서 발상	체크리스트
비교발상법	주제의 본질과 닮은 것을 힌트로 발상	NM법, 시네틱스

1) 자유연상법

자유연상법은 어떤 생각에서 다른 생각을 계속해서 떠올리는 작용을 통해 어떤 주제에서 생각나는 것을 계속해서 열거해 나가는 발산적 사고 방법이다. 예를 들어 "신차 출시"라는 주제에 대해서 "홍보를 통해 판매량을 늘린다", "회사 내 직원들의 반응을 살핀다", "경쟁사의 자동차와 비교한다" 등 자유롭게 아이디어를 창출하는 것으로 이는 다음 그림과 같다.

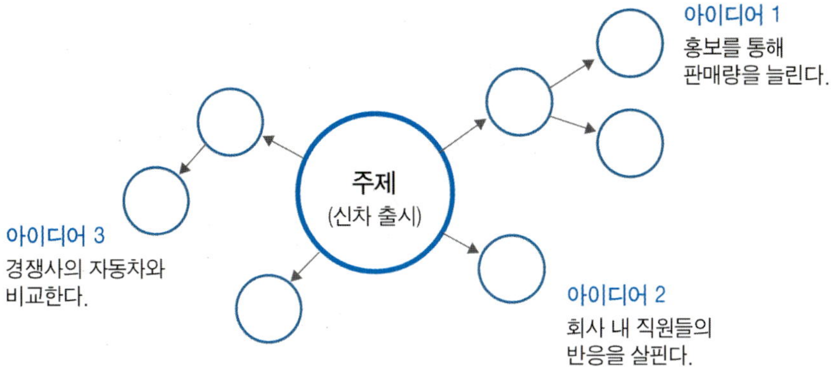

(1) 브레인스토밍

구성원의 생각을 최대한 끌어내려면 발산적 사고를 가져야 한다. 이러한 사고를 하는 사람들을 생각이 끊임없이 일어나며 다양한 형태로의 사고의 확장이 가능하며 아이디어가 넘쳐난다. 이러한 발산적 사고를 가능하게 하는 대표적인 기법이 브레인스토밍(Brain Storming)법이다.

브레인스토밍은 미국의 알렉스 오즈번이 고안한 그룹발산기법으로, 창의적인 사고를 위한 발산방법 중 가장 흔히 사용되는 방법이다. 브레인스토밍은 집단의 효과를 살려서 아이디어의 연쇄반응을 일으켜 자유분방한 아이디어를 내고자 하는 것으로, 진행 방법은 다음과 같다.

[진행방법]

① 주제를 구체적이고 명확하게 정한다

논의하고자 하는 주제가 구체적이고 명확하게 주어질수록 많은 아이디어가 도출될 수 있다. 예를 들어 "현장 사고를 줄이기 위해서는"이라는 주제보다는 "구성원 전원에게 안전헬멧을 착용하는 방법"이라는 주제가 주어졌을 때 좋은 아이디어가 나오기 쉽다.

② 구성원의 얼굴을 볼 수 있는 좌석 배치와 큰 용지를 준비한다

구성원의 얼굴을 볼 수 있도록 사각형이나 타원형으로 책상을 배치해야 하고, 칠판에 모조지를 붙이거나, 책상 위에 큰 용지를 붙여서 아이디어가 떠오를 때마다 적도록 하는 것이 바람직하다.

③ 구성원의 다양한 의견을 도출할 수 있는 사람을 리더로 선출한다

브레인스토밍 시에는 구성원들이 다양한 의견을 제시할 수 있는 편안한 분위기를 만드는 리더를 선출해야 한다. 직급이나 근무경력에 따라서 리더를 선출하는 것은 딱딱한 분위기를 만들 수 있기 때문에 분위기를 잘 조성할 수 있는 사람을 직급에 관계없이 리더로 선출해야 한다. 특히 리더는 사전에 주제를 잘 분석하고 다양한 아이디어를 산출할 수 있도록 하는 방법들을 연구해야 한다.

④ 구성원은 다양한 분야의 사람들로 5~8명 정도로 구성한다

브레인스토밍을 위한 적정한 인원은 5~8명 정도가 적당하며, 주제에 대한 전문가를 절반 이하로 구성하고, 그 밖에 다양한 분야의 사람들을 참석시키는 것이 다양한 의견을 도출하는 지름길이다.

⑤ 발언은 누구나 자유롭게 할 수 있도록 하며, 모든 발언 내용을 기록한다

브레인스토밍 시에는 누구나 무슨 말이라도 할 수 있도록 해야 하며, 발언하는 내용은 요약해서 잘 기록함으로써 내용을 구조화할 수 있어야 한다.

⑥ **아이디어에 대한 평가는 비판해서는 안 된다**

제시된 아이디어는 비판해서는 안 되며, 다양한 아이디어 중 독자성과 실현 가능성을 고려해서 아이디어를 결합하여 최적의 방안을 찾아야 한다.

[브레인스토밍의 4대 원칙]

① **비판엄금(Support)**

브레인스토밍의 특징은 개방에 있다. 비판은 커뮤니케이션의 폐쇄와 연결된다. 평가단계 이전에 결코 비판이나 판단을 해서는 안 되며, 평가는 나중까지 유보한다.

② **자유분방(Silly)**

무엇이든 자유롭게 말한다. 이런 바보 같은 소리를 해서는 안 된다는 등의 생각은 하지 않아야 한다.

③ **질보다 양(Speed)**

질에는 관계없이 가능한 한 많은 아이디어를 생성해내도록 격려한다. 양(量)이 질(質)을 낳는다는 원리는 많은 아이디어를 생성해 낼 때 유용한 아이디어가 들어 있을 가능성이 더 커진다는 것을 전제로 한다. 브레인스토밍 활동을 할 때는 시간을 정해 주거나 아이디어의 개수를 정해 주기도 한다. 이는 두뇌를 긴장시켜 빠른 시간에 많은 아이디어를 생성하도록 유도하는 것이다.

④ **결합과 개선(Synergy)**

다른 사람의 아이디어에 자극되어 보다 좋은 생각이 떠오른다. 서로 조합하면 재미있는 아이디어가 될 것 같은 생각이 떠오른다. 그런 생각이 들면 즉시 조합시킨다. 얻은 힌트를 헛되게 해서는 안 된다.

(2) 만드라트법

만드라트법은 1987년 일본의 디자이너 이마이즈미 히로아키가 고안했는데 본질을 뜻하는 만달(Mandal)+소유를 뜻하는 라(Ra)+기술을 의미하는 아트(Art)가 합성된 '목적을 달성하는 기술 혹은 틀'이라는 뜻을 가진 아이디어 발상 기법이다. 이 기법은 대개 목표를 계획하거나 아이디어를 구체화할 때 쓰는 기법으로 먼저 가장 큰 주제를 세우고, 이에 대한 해결점, 아이디어를 확산해 나가는 형태로 생각을 더욱 쉽게 정리하여 목표를 달성하는 데 도움이 되다. 아이디어를 확산해 나가기 위해서 먼저 81개의 정사각형으로 이루어진 틀을 만들고, 정중앙에는 목표나 문제를 적고, 이를 달성하기 위해 필요한 아이디어를 주변의 8개 블록에 채워 나간다. 다음은 8개 아이디어가 다시 목표가 되고 그것을 주변 9×9정사각형 중앙에 적고, 이를 달성하기 위한 아이디어를 구체적으로 채워 나간다 이렇게 확장해 나가면 총 8×8 = 64개의 아이디어가 도출된다.

몸 관리	영양제 먹기	FSQ 90kg	인스텝 개선	몸통강화	축을 흔들리지 않기	각도를 만든다	공을 위에서 던진다	손목강화
유연성	몸 만들기	RSQ 130kg	릴리즈 포인트 안정	제구	불안정함을 없애기	힘 모으기	구위	하제 주도로
스태미나	가동역	식사: 저녁 7수저(가득) 아침 3수저	하체강화	몸을 열지 않기	멘탈 컨트롤하기	볼을 앞에서 릴리즈	회전수 업	가동역
뚜렷한 목표, 목적을 가진다	일희일비 하지 않기	머리는 차갑게 심장은 뜨겁게	몸 만들기	제구	구위	축을 돌리기	하체강화	체중증가
핀치에 강하게	멘탈	분위기에 휩쓸리지 않기	멘탈	8구단 드래프드 1순위	스피드 160km/h	몸통강화	스피드 160km/h	어깨주위 강화
마음의 파도를 만들지 말기	승리에 대한 집념	동료를 배려하는 마음	인간성	운	변화구	가동역	라이너 캐치볼	피칭을 늘리기
감성	사랑받는 사람	계획성	인사하기	쓰레기 줍기	부실 청소	카운트볼 늘리기	포크볼완성	슬라이더의 구위
배려	인간성	감사	물건을 소중히 쓰자	운	심판을 대하는 태도	늦게 낙차가 있는 커브	변화구	좌타자 결정구
예의	신뢰받는 사람	지속력	플러스 사고	응원 받는 사람이 되자	책 읽기	직구와 같은 폼으로 던지기	스트라이크에서 볼을 던지는 제구	거리를 이미지한다

출처: 스포츠낫폰

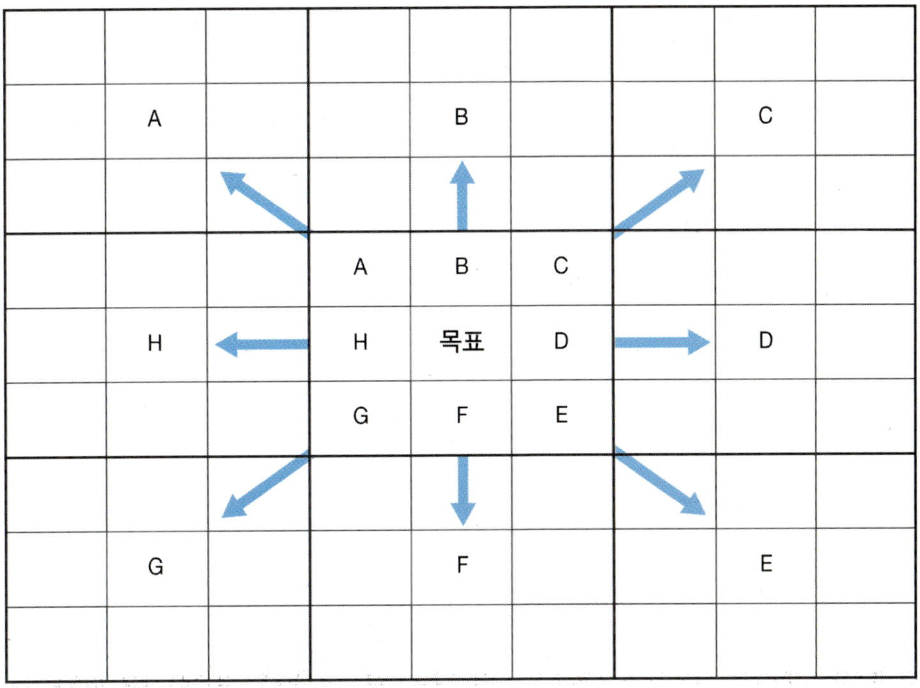

2) 강제연상법

강제연상법은 각종 힌트에서 강제적으로 연결 지어서 발상하는 방법이다. 예를 들어 "신차 출시"라는 같은 주제에 대해서 판매방법, 판매대상 등의 힌트를 통해 사고 방향을 미리 정해서 발상을 하는 방법이다. 이때 판매 방법이라는 힌트에 대해서는 "신규 해외 수출 지역을 물색한다"라는 아이디어를 떠올릴 수 있을 것이다. 이러한 강제연상법은 다음 그림과 같다.

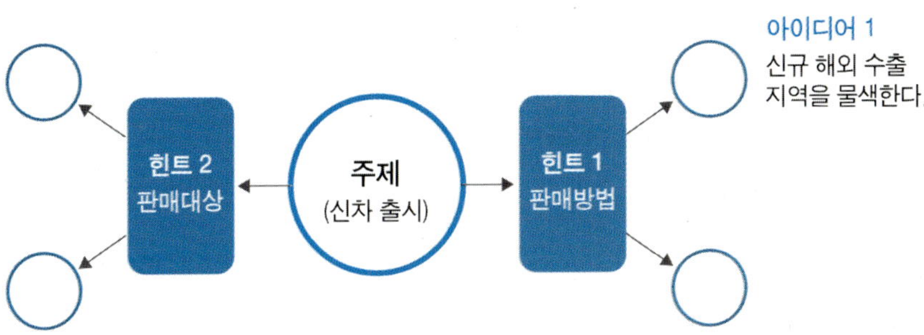

(1) 체크리스트법

아이디어 산출을 위한 체크리스트(checklist)는 사고의 출발점 또는 문제해결의 착안점을 미리 정해 놓고 그에 따라 다각적인 사고를 전개함으로써 능률적으로 아이디어를 얻는 방법이다. 동일한 목적을 달성할 수 있는 또 다른 수단과 방법 등은 없을까? 하는 문제들에 대해 구체적인 방향을 제시하는 방법으로 교육현장에서 많이 사용되고 있는 발명의 십계명과 거의 유사한 형태를 이루고 있다. 이 방법은 발상 아이디어에 대해 넓은 각도로 점검해 나갈 수 있는 방법으로 개인 기법으로 아이디어를 창안하는 데 널리 이용되고 있다.

오스본의 체크리스트법은 브레인스토밍을 만든 알렉스 오스본이 고안한 발상법이다. 아이디어가 막히거나 벽에 부딪혔을 때 리스트를 보면서 미처 발견치 못한 것을 떠올릴 수 있다. 다각적인 시각인 사고를 할 수 있게 해 준다.

① 전용(Put to other uses): 다른 용도로 쓸 수 없는가?

- 변경 없이 새로운 용도로 쓸 수 없을까?
- 개선/개량해서 쓸 수 있는 용도는?

② 대응(Adapt): 다른 아이디어를 빌리면 어떤가?

- 이것과 비슷한 다른 것은 없을까?
- 뭔가 다른 아이디어를 반영할 수 없을까?

③ 변경(Modify): 바꾸면 어떤가?

- 의미, 색, 움직임, 소리, 향기, 양식, 모양 등을 바꿀 수 없을까?

④ 확대(Magnify): 확대해 보면 어떤가?

- 더욱 크게, 강하게, 높게, 길게, 두껍게
- 시간은, 빈도는, 부가가치는, 재료는?

⑤ **축소(Minify): 축소하면 어떨까?**

- 더욱 작게, 가볍게, 낮게, 짧게
- 생략할 수 없나?

⑥ **대체(Substitute): 대체하면 어떤가?**

- 다른 것에 대용할 수 없을까?
- 다른 소재나 다른 접근은?

⑦ **교체(Rearrange): 교체하면 어떤가?**

- 요소를 바꾸면?
- 다른 순서는?

⑧ **역전(Reverse): 뒤집어 보면 어떤가?**

- 상하, 좌우를 뒤집어 보면?
- 역할을 반대로 하면?

⑨ **결합(Combine): 결합해 보면 어떤가?**

- 섞어 보면?
- 목적을 결합하면?

(2) 스캠퍼법

스캠퍼(SCAMPER) 기법은 특정 대상이나 특정 문제에 7가지의 대표적인 질문을 활용하여 사고를 자극함으로써 새로운 아이디어를 얻는 것으로 밥 에벌러(Bob Eberle)가 오스본(Osborn)의 동사 체크리스트를 재조직하여 만든 사고기법이다.

S · C · A · M · P · E · R는 대치하기(Substitute), 결합하기(Combine), 동화시키기(Adapt), 수정 · 확대 · 축소하기(Modify-Magnify-Minify), 용도 변경하기(Put to other uses), 제거하기(Eliminate), 재정리하기(Rearrange)의 첫 철자를 따서 기억하기 좋게 만든 약어로서 대상의 용도 개발, 품질 개선, 실용성 증진 등에 유용하다. 또한 주어진 질문의 패턴에 따라 사고를 전개시키므로 문제의식을 습관화할 수 있다.

약어	사고유형	질문내용
S	대치하기(Substitute)	무엇을 대신 사용할 수 있을까?
C	결합하기(Combine)	비슷한 것끼리 결합 또는 혼합하면 어떨까?
A	동화시키기(Adapt)	조건이나 목적에 맞게 조절할 수 없을까?
M	수정 · 확대 · 축소하기 (Modify-Magnify-Minify)	색, 모양, 형태 등을 어떻게 바꿀 수 없을까? (고치거나 크게, 강하게, 작게, 가볍게)
P	용도 변경하기(Put to other uses)	다른 용도로 사용할 수 없을까?
E	제거하기(Eliminate)	무엇을 삭제, 제거할 수 없을까?
R	재정리하기(Rearrange)	어떻게 형식, 순서, 구성을 바꿀 수 없을까?

3) 비교발상법

비교발상법은 주제와 본질적으로 닮은 것을 힌트로 하여 새로운 아이디어를 얻는 방법이다. 이때 본질적으로 닮은 것은 단순히 겉만 닮은 것이 아니고, 힌트와 주제가 본질적으로 닮았다는 의미이다. 예를 들어 "신차 출시"라는 같은 주제에 대해서 생각해 보면 신차는 회사에서 새롭게 생산해 낸 제품을 의미한다. 따라서 새롭게 생산해 낸 제품이 무엇인지에 대한 힌트를 먼저 찾고, 만약 지난달에 히트를 친 비누라는 신상품이 있었다고 한다면, "지난달 신상품인 비누의 판매 전략을 토대로 신차의 판매 전략을 어떻게 수립할 수 있을까"하는 아이디어를 도출할 수 있을 것이다. 이러한 비교발상법은 다음 그림과 같다.

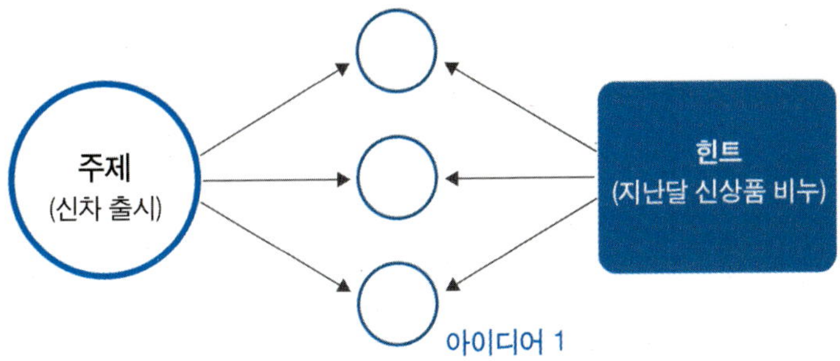

(1) NM법

NM법은 나카야마 마사카즈(Nakayama, M.)가 고든(Gorden, S. E.)의 시네틱스(Synectics)와 파블로프(Pavlov, I. P.)의 조건반사이론, 뇌의 신호계 모델의 가설을 바탕으로 고안한 유비(類比)에 의한 발상법으로서 대상과 비슷한 것을 찾아내 그것을 힌트로 새로운 아이디어 등을 생각해내는 방법이다. NM은 나카야마 마사카즈(Nakayama, M.)의 영문 머릿글자이다. 창조적인 인간이 자연적으로 거쳐 가는 숨겨진 사고의 절차를 시스템화, 스텝화하여 그 순서에 따라 이미지 발상을 해가는 발상법이다.

유비(類比)사고법은 문제해결 및 창의성 개발기법으로서 연수 중에도 활용하게 되었으며, 기법의 특수성 때문에 대상자는 기술자인 경우가 많다. NM법의 기본은 제품개발과 개량을 목적으로 한 H형이지만, 소프트한 주제에 적용하는 T형(힌트기법), 공간배치를 위한 A형, 스토리 제작을 위한 S형 등이 있다. NM법은 다음과 같이 진행된다.

① 과제를 설정한다.
② 키워드를 결정한다.
③ 계속 질문으로 찾아 나간다.
④ 유추한 요소의 배경을 찾는다.
⑤ 아이디어 발상을 한다.
⑥ 해결안으로 정리한다.

(2) 시네틱스법

시네틱스(sysnetics)라는 말은 '관계가 없는 것들을 결부시킨다'라는 의미로 시네틱스사를 창립한 W. 고든이 개발한 기법인데, 여러 가지 유추(analogy)로부터 아이디어나 힌트를 얻는 방법이다. 시네틱스는 어떤 문제에 대한 새로운 시각을 마련하는 것에 중점을 두는데, 어떤 문제를 해결하고자 할 때 아이디어 발견단계에서 아이디어에 대한 새로운 시각을 경험하도록 할 때 적합한 방법이다.

이 시네틱스법은 두 가지로 설명할 수 있는데, 하나는 친숙한 것을 이용해서 새로운 것을 창안하는 것이고 또 다른 하나는 친숙하지 않은 것을 친숙한 것으로 보도록 하는 것이다. 만약 주변의 어떠한 사물들로부터 무엇인가를 추출하려고 하면 가장 먼저 친숙해서 새롭게 보이는 것이 하나도 없는 것처럼 보이는 상황에서부터 벗어나야 한다. 너무나 친숙한 것들로 인해서 전혀 새로운 것이 보이지 않는다면 그 속에서 새로운 무엇인가를 추출해내는 것은 불가능한 일이기 때문이다. 따라서 너무나 친숙해 보이는 상황에서부터 벗어나야 새로운 무엇인가를 추출할 수 있게 되는 것이다. 창의적인 사고를 위해서 사용하는 방법으로는 직접적 유추, 의인적 유추, 상징적 유추, 공상적 유추 등과 같은 4가지 방법이 있다.

① **직접적 유추**: 창조 · 개발하려는 물건과 다른 한 대상을 선택하여 두 대상을 직접 비교시켜 검토하는 것
예) 우산을 통하여 낙하산의 원리를 알아낸 것

② **의인적 유추**: 해결하려는 문제나 현상에 대하여 해결하려는 사람 자신이 그 문제나 현상에 융합해버리는 상태로 문제를 해결하는 것
예) 나를 자동차로 의인화하여 어떠한 느낌이 들 것 같은지 상상해 보는 것

③ **상징적 유추**: 두 대상물 간의 관계를 기술하는 과정에서 상징을 활용하는 유추
예) 대지는 어머니다, '신데렐라 콤플렉스'는 타인 의존 증후군 유추

④ **공상적 유추**: 현실적인 유추를 통해서는 해결될 수 없을 때 활용하는 환상적이고 신화적인 유추로서 디자인에 대한 소망 성취적 욕구를 가지는 것
예) 하늘을 나는 자동차

핵심내용 요약

창의적 사고 개발방법

1. 자유연상법: 생각나는 것을 계속해서 자유롭게 열거해 나가는 방법이다.
   - **브레인스토밍**(brain storming): 집단의 효과를 살려서 아이디어의 연쇄반응을 일으켜 자유분방한 아이디어를 내고자 하는 방법
   - **만드라트법**: 목표를 계획하거나 아이디어를 구체화할 때 쓰는 기법으로 먼저 큰 주제를 세우고이에 대한 해결점 아이디어를 확산해 나가는 방법

2. 강제연상법: 강제 연상법은 각종 힌트에서 강제적으로 연결 지어서 발상하는 방법이다.
   - **체크리스트법**: 문제해결의 착안점을 미리 정해 놓고 그에 따라 다각적인 사고를 전개함으로써 아이디어를 얻는 방법
   - **스캠퍼법**: 특정 문제에 7가지의 대표적인 질문을 활용하여 사고를 자극하여 새로운 아이디어를 얻는 방법
   - **NM법**: 어떤 대상과 비슷한 것을 찾아내 그것을 힌트로 새로운 아이디어 등을 생각해내는 방법

3. 비교발상법: 주제와 본질적으로 닮은 것을 힌트로 하여 아이디어를 얻는 방법이다.
   - **시네틱스법**: 여러 가지 유추로부터 아이디어나 힌트를 얻는 방법

   ① 직접적 유추: 개발하려는 다른 한 대상을 선택하여 두 대상을 비교시켜 검토하는 것

   ② 의인적 유추: 해결이 필요한 문제에 대하여 융합해 버리는 상태로 문제를 해결하는 것

   ③ 상징적 유추: 두 상호관계를 기술하는 과정에서 상징을 활용하여 유추하는 것

   ④ 공상적 유추: 환상적인 유추를 통해서 성취적 욕구를 가지는 것

MEMO

MEMO

CHAPTER 07

비판적 사고

학습내용

1. 비판적 사고의 의미
2. 비판적 사고의 적용
3. 비판적 사고 개발 태도

학습목표

1. 비판적 사고의 의미를 말할 수 있다.
2. 비판적 사고의 적용을 설명할 수 있다.
3. 창의적 조직의 특성을 설명할 수 있다.

주/요/용/어

- 비판적 사고
- 비판적 사고 개발 태도
- 창의적 인재

"2018 비판적 사고 세계 90위 WEF가 바라본 韓國의 혁신추진 역량"

세계경제포럼(WEF)은 지난 2018년 10월 17일 한국의 국가경쟁력 순위를 세계 15위로 발표했다. 평가 기준이 바뀌었다 해도, 지난해까지 4년 연속 26위권에 머무르던 것을 감안하면 놀라운 상승이다. 혁신역량 항목에서도 8위를 기록하며 열 손가락 안에 꼽히는 쾌거를 이뤘다. 하지만 WEF는 국가경쟁력 보고서의 지역별 · 국가별 평가에서 "혁신의 추진력이 다소 떨어진다"는 평가를 내렸다.

하드웨어적으로는 세계 상위권이지만 소프트웨어 측면에서는 개발도상국보다도 떨어지는 부분이 많기 때문이다. 대표적인 것이 바로 인적 자본 부문의 '비판적 사고 교육(critical thinking in teaching)' 항목이다. 총 35.5점을 받으며 140개국 중 90위를 차지했다.

비판적 사고 교육 부문에서 1위를 차지한 국가는 미국이며, 덴마크, 스위스 등 유럽 국가들이 각각 2위와 3위를 기록했다.

혁신성장을 추진하는 데 있어 인재들의 비판적 사고는 필수적이지만 우리와 혁신 시장에서 경쟁하는 아시아 국가들과 비교해도 한국의 순위는 한참 낮은 수준이다. 비판적 사고 부문에서 중국은 24위를 기록했으며 홍콩이 40위, 싱가포르가 21위, 인도가 17위를 기록했다. 그나마 순위가 낮은 편인 대만과 일본도 각각 65위, 70위로 우리보다 높다.

우리와 비슷한 순위의 국가들을 살펴보면 91위에 짐바브웨가, 92위에 조지아, 93위에 트리니다드 토바고, 94위에 튀니지, 95위에 라이베리아 등이 위치하고 있다. 우리보다 한 단계 높은 89위에는 아르헨티나가, 88위에는 보츠와나, 87위에는 라오스, 86위에는 슬로베니아, 85위에는 시에라리온이 각각 위치하고 있다.

출처: 아시아 경제신문 2018.10.20

생각해보기 1

비판적 사고는 상대방을 모욕하거나 굴복시키기 위해 동의하지 않는 것과는 다르다. 다음 사례를 통해서 비판적 사고의 의미를 알아보도록 하자. 제시된 예에서 A는 비판적 사고를 부정적으로 바라보고 있다. 그러나 비판적 사고는 어떤 문제를 합리적이고 논리적으로 분석하고 평가하는 문제해결을 위한 바람직한 사고이다. 흔히 사람들은 비판적으로 생각하라고 하면, 남의 단점을 찾아내거나 부정적인 생각으로 인식하는 경향이 있다. 이는 합리적이고 논리적인 사고를 위하여 어떤 문제를 분석 · 평가 · 분류하는 과정에 필요한 비판적 사고를 잘못 이해하고 있는 것이다. 직업인에게 필요한 비판적 사고란 무엇인지 알아보자.

1. 비판적 사고의 의미

비판적 사고는 어떤 주제나 주장 등에 대해서 적극적으로 분석하고 종합하며 평가하는 능동적인 사고이다. 이러한 비판적 사고는 어떤 논증, 추론, 증거, 가치를 표현한 사례를 타당한 것으로 수용할 것인가, 아니면 불합리한 것으로 거절할 것인가에 대한 결정을 내릴 때 요구되는 사고력이다. 비판적 사고는 지엽적이고 시시콜콜한 문제를 트집 잡고 물고 늘어지는 것이 아니라 문제의 핵심을 중요한 대상으로 한다. 비판적 사고는 제기된 주장에 어떤 오류나 잘못이 있는가를 찾아내기 위하여 지엽적인 부분을 확대하여 문제로 삼는 것이 아니라, 지식, 정보를 바탕으로 한 합당한 근거에 기초를 두고 현상을 분석하고 평가하는 사고이다.

비판하기

인사부에 근무하는 A에게 회사 전체의 인사시스템을 구축하라는 업무가 떨어졌다. A는 시간부족과 자료부족의 이유로 제대로 된 분석과 평가 없이 현황만을 제시한 기획서를 제출하였다.

부서 회의 시간에 동료 B로부터 기획서의 부족한 부분에 대한 지적을 받은 A는 감정이 상해서 B에게 너무 부정적인 시각을 가지고 있는 것이 아니냐고 되물었다.

그런데 며칠 뒤 A는 B가 작성한 기획서를 우연히 보게 되었다. B는 어떤 증거나 자료를 충분히 제시하고 객관적 · 과학적으로 인사시스템의 현 문제점과 개선방안을 도출하고 있었다. 그제야 A는 B가 단순히 부정적으로 생각했던 것이 아니라, 비판적 사고를 통하여 문제의식이 체계적이고 논리적인 해결안으로 바뀐다는 것을 깨달았다.

비판적 사고는 일상생활을 성공적으로 해나가는 데도 중요하지만 우리의 미래를 어둡게 할 수많은 딜레마를 해결하는 데도 매우 중요하게 작용하기 때문이다. 또한 이런 비판적 사고를 해야 창조적 사고가 가능하기 때문이다. 비판적 사고의 훈련을 통해서 우리는 다른 사람들의 주장뿐만 아니라 자신의 주장에 대해서도 논리적으로 비판하는 능력을 키울 수 있다. 어떤 주장을 그대로 받아들이는 것이 아니라 주장의 근거와 적절성을 비판적으로 검토해 보는 것이 핵심이라 할 수 있다.

비판적 사고를 기르기 위해서는 다음과 같은 질문으로 접근해 볼 수 있다.

① 지금 하고 있는 이야기의 주된 이슈는 무엇인가?
② 애매한 단어 사용이나 추론의 오류는 없는가?
③ 인용되고 있는 가정은 적절하게 사용되고 있는가?
④ 증거는 얼마나 객관적 근거에 바탕을 두고 있는가?

⑤ 통계에 속임수가 있지는 않은가?

⑥ 중요한 정보가 빠져 있지는 않은가?

⑦ 어떤 합당한 결론이 가능한가?

2. 비판적 사고 개발 태도

비판적 사고를 개발하기 위해서는 지적 호기심, 객관성, 개방성, 융통성, 지적 회의성, 지적 정직성, 체계성, 지속성, 결단성, 다른 관점에 대한 존중과 같은 태도가 요구된다.

① 지적 호기심

여러 가지 다양한 질문이나 문제에 대한 해답을 탐색하고 사건의 원인과 설명을 구하기 위하여 왜, 언제, 누가, 어디서, 어떻게, 무엇을 등에 관한 질문을 제기한다.

② 객관성

결론에 도달하는 데 있어서 감정적·주관적 요소를 배제하고 경험적 증거나 타당한 논증을 근거로 한다.

③ 개방성

다양한 여러 신념이 진실일 수 있다는 것을 받아들인다. 편견이나 선입견에 의하여 결정을 내리지 않는다.

④ 융통성

개인의 신념이나 탐구방법을 변경할 수 있다. 특정한 신념의 지배를 받는 고

정성, 독단적 태도, 경직성을 배격한다. 우리는 모든 해답을 알고 있지는 못하다는 것을 이해하는 것이다.

⑤ 지적 회의성

모든 신념은 의심스러운 것으로 개방하는 것이다. 적절한 결론이 제시되지 않는 한 결론이 참이라고 받아들이지 않는다.

⑥ 지적 정직성

비록 어떤 진술이 우리가 바라는 신념과 대치되는 것이라 할지라도 충분한 증거가 있으면 그것을 진실로 받아들인다.

⑦ 체계성

결론에 이르기까지 논리적 일관성을 유지한다. 논의하고 있는 문제의 핵심에서 벗어나지 않도록 한다.

⑧ 지속성

쟁점의 해답을 얻을 때까지 끈질기게 탐색하는 인내심을 갖도록 한다. 증거, 논증의 추구를 포기함이 없이 특정 관점을 지지한다.

⑨ 결단성

증거가 타당할 땐 결론을 맺는다. 모든 필요한 정보가 획득될 때까지 불필요한 논증, 속단을 피고 모든 결정을 유보한다.

⑩ 다른 관점에 대한 존중

내가 틀릴 수 있으며 내가 거절한 아이디어가 옳을 수 있다는 것을 기꺼이 받아들이는 태도이다. 타인의 관점을 경청하고 들은 것에 대하여 정확하게 반응한다.

"사과(Apple) 이야기"

스티브 잡스의 애플, 뉴턴의 사과, 아담과 이브의 사과까지, 인류 역사에 가장 의미 있는 변화를 준 작은 과일 사과 한 알에는 종교, 과학, 예술 등의 분야에서 구원, 힘, 지식과 과학에 관한 다양한 의미가 함축되어 있다.

스티브 잡스의 '사과'

스티브 잡스의 '애플(Apple)'은 창의적인 기술혁신으로 아이폰, 아이패드에 이어 전 세계인의 손에 스마트폰을 쥐어주며 새로운 세상을 열어주었다. 사과를 즐겨먹고 사과나무를 좋아했던 그의 초창기 '애플사' 로고는 '나무 아래에 앉아 중력을 생각하는 뉴턴'의 그림이었으나, 2007년 '애플(Apple)사'로 개명하였는데 한 손에 세계의 정보를 한 눈에 볼 수 있는 정보화 사회라는 패러다임으로 세상을 바꾸어 놓았다. 한 입 깨문(bite)이라는 단어가 정보처리 단위인 바이트(byte)와 발음이 비슷한 것도 재미있다.

뉴턴의 '사과'

뉴턴의 사과는 만유인력을 발견하는 기회를 제공하여, 과학 발전에 큰 전기를 마련해 준 혁신적인 사과이다. 뉴턴은 작은 고향 마을에서 어느 날 정원의 나무에서 사과가 떨어지는 것을 우연히 보고, 지구와 사과 사이에 어떠한 힘이 존재하고 있을 것이라는 상상을 했다.

그는 "그것은 내가 명상에 잠겨 있을 때 사과 하나가 떨어지면서 일어난 일이었다. 왜 저 사과는 옆이나 위로는 향하지 않고 항상 아래를 향해 낙하하는 것일까? 항상 지구의 중심을 향하고 있으니, 아마 지구가 그것을 끌어당겼을 것이다"라고 생각했고, 모든 물체 사이에는 보편적으로 작용하는 만유인력이 존재함을 발견한 것이다.

아담과 이브의 '사과'

인류와 사과의 연결고리는 에덴동산에 살던 아담과 이브가 "절대 선악과를 따먹지 말라"는 하나님의 말씀을 거역한 역사로 시작된다. "선악을 알게 하는 나무의 열매를 먹으면 하나님처럼 지혜로워진다"라고 뱀이 유혹하자 이브는 결국 선악과를 따먹고, 결국 두 사람은 풍요로운 낙원에서 쫓겨나서 이브는 출산의 고통을 얻게 되고, 아담은 힘든 노동을 하며 그 생명은 유한하다는 한계를 지니게 된다. 사과는 인간 원죄설의 근본이 되었고, 사과로 인하여 새로운 인류 역사가 시작된 것이다.

비판적인 사고를 갖추기 위해서는 주변에서 발생하는 사소한 일도 그냥 지나치지 않는 것이 중요하며, 사소한 발견에 대해서 의문을 가지고 지속적인 관심을 갖는 것이 필요하다.

생각해보기 2

비판적 사고 점검하기

사람들은 보통 비판적 사고를 부정적인 것으로 보는 경향이 있다. 비판적 사고를 부정적으로 보려는 경향은 어떤 특정 주제나 주장 등을 단순히 무조건적으로 받아들이기를 강요하는 분위기 때문이다. 이러한 비판적 사고에 대해서 흔히 가지고 있는 다음 생각들에 대해서 참(T)인지 거짓(F)인지를 구분함으로써 비판적 사고의 의미를 확인해 보자.

1. 비판적 사고의 주요 목적은 어떤 주장의 단점을 파악하려는 데 있다.	(　)
2. 비판적 사고는 타고 나는 것이지 학습할 수 있는 것이 아니다.	(　)
3. 비판적 사고를 하려면 우리의 감정을 철저히 배제해야 한다.	(　)
4. 맹목적이고 무원칙적으로 사고하는 것은 비판적으로 사고하는 것이 아니다.	(　)
5. 비판적으로 사고하는 것은 어떤 주제나 주장에 대해서 적극적으로 분석하는 것이다.	(　)

핵심내용 요약

1. 비판적 사고의 의미

비판적 사고는 어떤 주제나 주장 등에 대해서 적극적으로 분석하고 종합하며 평가하는 능동적인 사고이다.

2. 비판적 사고 개발 태도

비판적 사고를 개발하기 위해서는 사소한 일도 그냥 지나치지 않으며, 사소한 발견에 대해서 의문을 가지고 지속적인 관심을 갖는 것이 필요하다.

- **지적 호기심**: 문제에 대한 답을 탐색하고 사건의 원인과 설명을 구하기 위한 질문을 제기한다.
- **객관성**: 결론에 도달하기 위해 감정적 · 주관적 요소를 배제하고 타당한 논증을 근거로 한다.
- **개방성**: 다양한 여러 신념이 진실일 수 있다는 것을 받아들인다.
- **융통성**: 개인의 신념이나 탐구방법을 변경할 수 있다.
- **지적 회의성**: 모든 신념은 의심스러운 것으로 개방하는 것이다.
- **지적 정직성**: 바라는 신념과 대치되는 것이라도 충분한 증거가 있으면 진실로 받아들인다.
- **체계성**: 결론에 이르기까지 논리적 일관성을 유지한다.
- **지속성**: 쟁점의 해답을 얻을 때까지 끈질기게 탐색하는 인내심을 갖는다.
- **결단성**: 증거가 타당할 땐 결론을 맺는다.
- **다른 관점에 대한 존중**: 내가 틀릴 수 있으며 내가 거절한 아이디어가 옳을 수 있다는 것을 받아들인다.

MEMO

CHAPTER 08

비판적 사고 개발방법

학습내용

1. 비판적 사고 개발방법
2. 비판적 사고의 훈련
3. 비판적 사고의 적용

학습목표

1. 비판적 사고 개발방법에 대하여 설명할 수 있다
2. 비판적 사고의 훈련에 대하여 설명할 수 있다.
3. 비판적 사고의 적용에 대하여 말할 수 있다.

주 / 요 / 용 / 어

- 비판적 사고 개발방법
- 비판적 사고의 훈련
- 비판적 사고의 적용
- 문제의식
- 고정관념
- 5WHY기법
- 토의법
- 악마의 주장법

미리보기

21세기 글로벌 교육의 화두 "비판적 사고력 기르기"

21세기에는 비판적 사고가 경쟁력이라고 한다. 그래서 미국을 비롯한 세계 각국은 비판적 사고력 증진을 교육의 최대 목표로 삼고 각종 교과과정을 짜고 있다. 비판적 사고는 일상생활을 성공적으로 해나가는 데에도 중요하지만 수많은 난제들을 해결하는 데에도 매우 중요하게 작용하기 때문이다. 또한 이런 비판적 사고를 해야 창조적 사고가 가능하다.

우리의 현실에서 보면, 일상적인 토론이나 TV 등 공적인 자리에서조차 아직도 사람들이 증거를 무시하고 정확하지 않은 언어를 구사하며 큰 목소리 내는 경우를 자주 보면서 비판적 사고의 중요성을 느끼고 있다. 이렇게 비판적 사고에 대한 필요성은 여기저기에서 증가하고 있으나, 정작 그 방법에 대해서는 비판적으로 사고하지 않는 것 같다. 왜냐하면 많은 경우 비판적 사고가 각종 시험 대비를 위해 필요한 것으로 대신하고 있어서 비판적 사고의 기술을 훈련하기보다는 문제풀이 기술을 습득하기에 몰두하는 경향을 보이기 때문이다. 대학 입시를 위한 논술 준비가 그렇고 심지어 전문대학원 입학시험의 추리논증 준비가 그렇다. 이런 시험들은 비판적 사고력을 측정하기 위한 것이 아니라, 단순한 문제풀이 능력을 측정하기 위한 것이다. 시험을 위한 문제풀이식 훈련은 비판적 사고력을 증대시키는 데 큰 도움이 되지 못한다.

비판적 사고에 취약한 한국인들에게 절실히 필요한 것은 비판적 사고의 방법을 배우는 것이다. 비판적 사고를 체득한 사람은 다양한 관점에 열려 있는 태도를 취하면서 그 관점을 이성적으로 평가한 후에 어떤 것을 믿을지, 어떤 행동을 취할지를 결정하는 사람이다. 우리는 대화와 토론을 공유하기 위해 서로를 필요로 하며 우리의 발전을 위해 서로를 필요로 한다. 우리들 중 누구도 우리가 접하게 되는 복잡한 상황을 홀로 직면할 만큼 천부적인 재능을 타고 나지 않았다

비판적으로 생각하는 사람은 자신이 비판적 사고를 활용할 때 주변에 어떤 영향을 미치는지에 대해 생각할 필요가 있다. 비판적 사고는 우리에게 더 나은 결정으로 이끄는 통로가 될 것이며 더 나은 결론을 찾도록 하기 위해서 필요하다. 우리는 비판적 훈련과정을 통해서 자율성, 호기심, 분별력이 생겨 지적 독립을 위한 탄탄한 토대를 갖추게 될 것이다.

출처: M. 닐 브라운의 〈비판적 사고를 기르는 11가지 질문도구〉

1. 비판적 사고 개발방법

직업인들은 업무 수행 과정에서 비판적인 사고를 하도록 요구 받고 있다. 그러나 어떻게 하면 비판적 사고를 할 수 있는지 모르는 경우가 많다. 직업인들에게 필요한 비판적 사고를 개발하는 방법에 대하여 알아보자. 비판적 사고는 어떤 행위와 관련하여 본능이나 충동이나 감각적 욕구에 좌우되지 않고 숙고에 기초하여 자기의 의지와 행동을 합리적으로 결정하는 능력이다.

다음은 위대한 인물들이 사소한 의문에서 시작해서 위대한 발견을 한 사례이다. 사례를 통해서 비판적 사고를 위해서 필요한 것들을 생각해 보자.

사소한 발견

[1] **아이작 뉴턴:** 나무에서 떨어지는 사과를 보고 "만유인력의 법칙"을 발견하는 중요한 힌트를 얻음

[2] **아르키메데스:** 목욕할 때 탕 속의 물이 흘러넘치는 것을 보고 "아르키메데스의 원리"라고 하는 부력의 원리를 발견

[3] **갈릴레오 갈릴레이:** 램프의 흔들림을 보고 "추의 등시성"을 발견

[4] **알프레드 노벨:** 니트로글리세린이 용기에서 새어나와 규조토에 스며드는 것을 보고 "다이너마이트"를 발명

[5] **알렉산더 플레밍:** 배양하고 있던 포도상구균이 파란 곰팡이에 녹는 것을 발견하고, 그 파란 곰팡이에서 페니실린을 추출하여 항생물질 개발

비판적인 사고를 하기 위해서는 어떤 현상에 대해서 문제의식을 가지고, 고정관념을 버려야 한다.

1) 문제의식

문제의식이란 문제가 있다고 보고 그에 적극 대처하려는 태도를 말하는데, 비판적인 사고를 위해서 가장 먼저 필요한 것은 바로 문제의식이다. 문제의식이 왜 비판적인 사고에서 중요한지 다음 예를 통해 알아보자.

> 2002년 노벨상을 수상한 다나카 코이치 씨는 평범한 샐러리맨이라는 점에서 큰 화제를 불러일으킨 적이 있었다. 다나카 씨의 수상은 아세톤에 금속 분말을 녹여야 하지만 글리세린에 녹여버린 실수로부터 시작되었다. 다나카 씨는 잘못 녹인 금속 분말이 아까워서 그대로 레이저에 대고 측정치를 계속해서 관찰하는 활동을 하였고, 그 결과 고분자의 질량분석이 가능한 현상을 발견하였다. 이런 면에서 볼 때 다나카 씨의 발견은 우연일지 모르지만, 글리세린에 녹인 금속 분말은 어떻게 될까라는 끊임없는 문제의식을 통해서 가능한 일이었다.

다나카 씨의 예에서 볼 수 있는 것처럼 문제의식을 가지고 있다면 주변에서 발생하는 사소한 일에서도 정보를 수집할 수 있으며, 이러한 정보를 통해서 새로운 아이디어를 끊임없이 생산해 낼 수 있다. 문제의식은 당장 눈앞의 문제를 자신의 문제로 여기고 진지하게 다룰 생각이 없는 한 절대로 답을 얻을 수 없다. 따라서 자신이 지니고 있는 문제와 목적을 확실하고 정확하게 파악하는 것이 비판적인 사고의 시작이다.

미국의 경영학자 레스터 서로우는 "창조적인 인재란 문제의식을 가지고 상황과 사물을 바라보는 사람이다"라고 말했다. 즉 창조적 인재란 현재의 틀에서 남들이 보지 못하는 것, 생각하지 못하는 것을 발견하고 새로운 일로 연결시킬 수 있는 창조적이고 유연성 있는 인재를 말한다. 이는 주어진 일만 수행하는 모범직원이 아니라 새로운 영역을 창조할 수 있는 끼와 능력을 보유한 개척자형 인간을 의미한다. 또한 미래의 변화를 읽어내고 새로운 지식과 정보를 수용하여 새로운 방향을 제시할 수 있는 능력과 자질을 갖춘 사람이 필요하다는 것이다.

생각해보기 1

'날개 없는 선풍기' '먼지봉투 없는 청소기'……

다이슨의 제품은 다이슨이란 브랜드보다 제품의 특징으로 더 잘 알려져 있다. 청소기, 가습기, 선풍기, 헤어드라이기 등 판매하는 제품은 몇 안 되지만 이것들은 언제나 혁신적이라는 수식어가 따를 수밖에 없다.

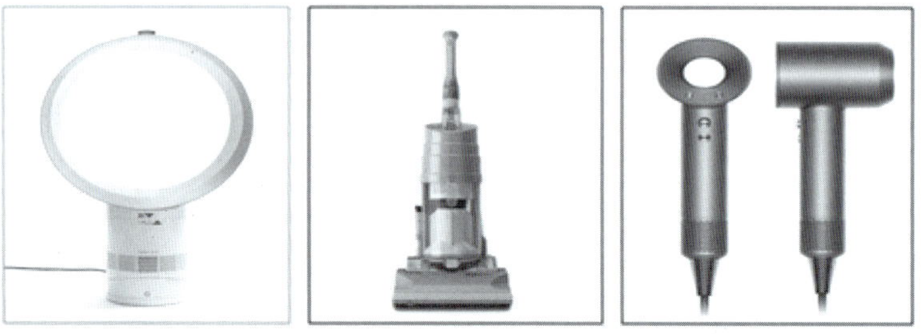

날개 때문에 바람이 끊어지기도 하고 어린아이들이 항상 선풍기 속에 손가락을 넣고 싶어 하기에 다이슨은 '왜 선풍기에 날개가 있어야 하는가?'라는 문제의식을 가지고 날개 없이도 바람을 낼 수 있는 기술을 찾았고, 날개가 없는 최초의 선풍기 '에어 멀티플라이(Air Multiplier)'를 만들었다. 날개가 있을 때보다 훨씬 바람을 많이 만들어 내는 이 선풍기는 2009년 〈타임〉이 선정한 가장 혁신적인 제품 톱10위에 올랐고 전 세계 히트상품으로 기록됐다. "전기를 이용한 최초의 선풍기는 1882년에 발명되었는데 그 방식은 127년간 변하지 않았다. 127년간 지속돼온 고정관념을 깨뜨리는 데는 4년밖에 걸리지 않았다"라고 다이슨은 말한다.

이후 다이슨은 홀로 창고에서 먼지 없는 청소기를 만들기 시작했는데 원심분리를 이용해 공기를 빠른 속도로 회전시켜 먼지를 분리해 모으는 원리였다. 이것은 기존 진공청소기의 문제도 해결하고 먼지봉투를 사는 비용도 절약할 수 있어 다른 청소기에 비해 5~10배 비싼 가격인데도 출시 2년만에 영국에서 가장 많이 팔리는 청소기로 이름을 올렸다.

연이어 다이슨은 헤어드라이기 '수퍼소닉'을 공개했는데 이 '다이슨 수퍼소닉'은 보통 헤어드라이기가 아니었다. 시연회장에서 사람들을 놀라게 한 것은 바로 소리였는데, 기존 제품에서 나오던 소음이 거의 없었던 것이다.

2) 고정관념의 타파

비판적인 사고를 하기 위한 문제의식을 가지고 있다면 다음으로 필요한 것이 지각의 폭을 넓히는 일이다. 지각의 폭을 넓히는 일은 정보에 대한 개방성을 가지고 편견을 갖지 않는 것으로, 고정관념을 타파하는 일이 중요하다.

고정관념과 선입견 그리고 편견은 사람과 사물을 바로 보는 시각에 영향을 줄 수 있으며, 일방적인 평가를 내리기 쉽다.

고정관념과 선입견 그리고 편견

미국의 한 대학에서 남녀 학생들을 대상으로 수학 실력 테스트를 실시했다. 실험 전에 주어진 단 하나의 조건은 이 실험의 목적이 남녀 간의 수학적 능력에 대한 차이를 확인하기 위한 것이라는 사실을 미리 알려준 것뿐이었다.

결과는 놀라웠다. 평소 동일한 수학 점수를 보유하고 있는 남녀 학생들을 선발했음에도 불구하고 여학생들만 상대적으로 저조한 성적을 보인 것으로 나타났기 때문이다. 이는 일반적으로 여성이 남성에 비해 수학적인 능력에서 뒤처진다는 선입견에 대해 여학생들이 스스로 맞춰 행동한 결과라는 것이 실험을 진행한 연구진의 분석이었다.

남녀 간의 과학적 능력에 대한 선입견은 첨단기술의 세계적인 전진 기지인 실리콘밸리 기업의 채용 과정에서도 그대로 작용한다. 한 예로 '레드실'이라는 기업의 경우 어느 순간 회사 내 여성 엔지니어가 거의 없었다.

그 사실을 깨달은 이 회사의 CEO는 남녀 구분을 없앨 수 있는 채용 공고 문구 및 인터뷰 방식을 개발했다. 그 결과 여성 엔지니어의 비율이 단 기간 내 2배로 늘어났다. 이 회사가 그 같은 선택을 한 것은 여성 차별 폐지 같은 거창한 정책적 목표 때문이 아니라 회사의 이익을 위해서였다. 비슷한 사람들로 이루어진 조직에서는 혁신이 잘 일어나지 않기 때문이다.

이런 이유로 요즘 실리콘밸리에서는 블라인드 테스트 등과 같은 방식으로 인재를 채용하는 스타트업이 생겨나고 있다. 이력서에 성별 및 인종 표시를 없애고 면접에서는 모든 지원자들에게 같은 질문을 하도록 표준화된 채용과정을 만드는 시도 등이 이에 포함된다. 채용 과정에서 선입견의 영향력을 최소화하려는 노력의 일환인 셈이다.

- **선입관(Preconception)**: 어떤 대상에 대하여 이미 마음속에 가지고 있는 주관적 판단기준
- **고정관념(Stereotype)**: 어떤 사회에서 사람이나 사물에 대하여 널리 퍼져 있는 지식이나 믿음
- **편견(Prejudice)**: 어떤 사물이나 현상에 대하여 공정하지 못하고 한 쪽으로 치우친 사고나 견해

선입견이란 어떤 대상에 대해 이미 마음속에 가지고 있는 고정관념이나 관점을 말한다. 그런데 새로운 것을 발견해야 하는 과학자의 입장에서 선입견은 가장 나쁜 사례 중 하나에 속한다. 남들과 조금 다른 특이한 연구 방법을 시도해도 눈길을 끌게 되고, 이때의 '다른 것'은 '틀린 것'이 되어 버리기 때문이다.

선입관과 고정관념은 동서고금을 막론하고, 어느 시대 어느 사회나 존재하는 것인데 어떻게 보면 인류의 등장과 함께 시작되었다고 볼 수 있다. 오랜 세월, 경험 속에서 축적된 선입관과 고정관념은 그 자체로 문제가 되지는 않지만 문제는 바로 그것으로 인해 발생하는 편견, 선입관 그리고 고정관념이 합리화되어 고착된다는 점이다.

'편견', 어떻게 줄일 수 있을까? 많은 전문가는 대부분의 편견이 불충분하고 부정확한 근거에 기초, 한정된 경험, 감정적 태도에 기인하는 경우가 많기 때문에, 새로운 경험의 기회를 갖는 것이 무엇보다 중요하다.

다음의 사례는 주변에서 흔히 볼 수 있는 물건을 통해 고정관념을 탈피한 사례들이다.

상품	본래 용도	새로운 용도
스테이플러	서류 정리	벽에 종이를 고정
드라이어	머리를 말린다.	온풍을 이용해서 어깨 결림을 완화시킨다.
칫솔	양치질을 한다.	빗의 이물질을 제거한다.
스카치테이프	종이를 붙인다.	지문 채취

2. 비판적 사고 훈련

1) 비판적 사고의 적용방법

비판적 사고를 위해서는 특정한 문제에 대해서 가능한 한 많은 아이디어를 산출하고, 이러한 아이디를 종합하고 검토하여 최선의 아이디어를 도출하는 일이 필요하며, 기존에 가지고 있는 생각의 틀을 벗어나는 것이 중요하다. 다음 제시되는 물건들의 용도를 가능한 한 많이 찾아서 기록해 보자.

스테이플러	1. 서류 정리 2. 벽에 종이를 고정 3. 세탁소에서 옷을 구분 4. ________ 5. ________ 6. ________
드라이어	1. ________ 2. ________ 3. ________ 4. ________ 5. ________ 6. ________
칫솔	1. ________ 2. ________ 3. ________ 4. ________ 5. ________ 6. ________
스카치 테이프	1. ________ 2. ________ 3. ________ 4. ________ 5. ________ 6. ________

거울	1. ______________ 2. ______________ 3. ______________ 4. ______________ 5. ______________ 6. ______________

(1) '5Why' 기법

'5Why' 기법은 어떤 문제에 대한 근본적인 원인과 핵심에 대해 구체적으로 질문하면서 문제를 해결해 나가는 기법이다. 5번의 Why를 통하여 표면으로 나타나는 이유가 아닌 진정한 원인을 찾아내어 명확한 원인을 발견하는 것인데 '왜'라는 질문을 통해 깊이 파고들면서 문제해결을 염두에 두고 반복하는 것이다.

[5WHY 기법 활용사례]

미국 워싱턴에는 토머스 제퍼슨 기념관이 있는데 이 자랑스러운 기념관의 대리석이 심하게 부식하는 일이 발생했다. 방문객들은 관리 부실을 문제삼아 민원을 제기했고 기념관의 이미지는 날로 악화되었다. 값비싼 대리석을 사용했는데도 부식은 빠르게 진행됐다.

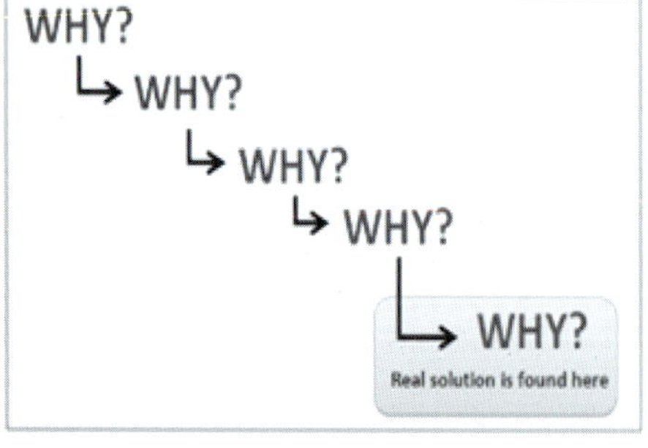

이를 이상하게 여긴 기념관장은 다음과 같은 의문을 가졌다.

"왜 대리석들이 저렇게 빨리 부식되는 걸까?"

돌아온 대답은 간단했다.
대리석을 세제로 자주 닦았기 때문이다.

기념관장은 한 번 더 질문을 던졌다.
"그렇다면 왜 대리석이 부식될 만큼 세제로 자주 닦는 걸까?"
예상치 못한 답이 나왔다. 기념관에 많은 비둘기들의 배설물로 인해 자주 세제로 닦아줘야 했던 것이다.

관장은 또 질문했다.
"그렇다면 왜 기념관에 비둘기가 많은 걸까?"
바로 비둘기의 먹잇감인 거미가 많았기 때문이다.

"왜 하필 기념관에 거미가 많을까?"
해가 지기 전 주변보다 전등을 먼저 켜서 거미의 먹이인 나방이 불빛을 보고 많이 몰려들기 때문이다.

"왜 해가 지기 전에 전등을 주변보다 먼저 켜는 걸까?"
이유는 간단했다. 기념관 직원들이 일찍 퇴근하기 때문이다.

대답을 얻은 토머스 제퍼슨 기념관은 불을 켜는 시간을 늦춤으로써 대리석의 부식을 근본적으로 막을 수 있었다.
기념관장이 만약 당장 눈앞의 대리석 보수공사만 진행했다면 계속되는 부식에 많은 재원이 낭비됐을 것이다.

끝없이 '왜'라는 질문을 던진 기념관장이 결론을 도출해낸 이런 사고 방식을 '5Why 기법'이라고 한다. 바로 문제의 현상만을 보지 않고 지속적인 물음으로 본질을 찾는 것이다.

(2) 토의법

상반되는 두 가지 의견에 대해 토론하는 집단의사결정 기법으로 두 가지 상반되는 제안들에 대한 토론을 통해 반대가 있어야 발전이 있다는 근거에 기인한다. 이 방법은 의사결정에 참여한 집단 구성원을 두 편으로 나누어 찬성과 반대의견을 토론하는데 토론을 통해 상반되는 제안들 사이의 장단점을 모두 균형적으로 파악할 수 있게 해 준다는 장점이 있다.

예를 들어, '카풀 도입 찬반', '탈원전 찬반' 등의 주제가 주어지면, 각자 찬반의 입장을 정리하고 서로 간의 입장에 대해 주장한다. 이후 상대방의 주장에 대해 논리적 결함 또는 근거의 모순점을 반박한다. 이러한 과정 속에서 두 입장을 절충할 수 있는 최종 대안이 나오는 경우가 많다.

그럼 최종적으로 나왔던 주장과 근거들을 정리하고, 이를 수렴할 수 있는 결론을 도출해서 마무리하면 된다.

토의법은 다음과 같이 진행한다.

① 구성원들을 두 편으로 나눈다.

② 한 쪽이 먼저 의견을 제시하면 반대 쪽 집단에서 그에 반대되는 대안을 제시한다.

③ 이러한 방식의 토론을 반복한다.

④ 토론 과정에서 살아남은 대안들만 취합하여 최종안으로 결정한다.

(3) 악마의 주장법(Devil's Advocate Method)

집단을 둘로 나누어 한 집단이 제시한 의견에 대해서 반론자로 지명된 집단의 반론의 듣고 토론을 벌여 본래의 안을 수정하고 보완하는 일련의 과정을 거친 후 최종안을 도출하는 방법이다. 지명반론자는 집단일 필요는 없고 집단 내 2~3명 정도가 반론자의 역할을 담당해도 된다. 반론자들은 고의적으로 본래 안의 단점과 약점을 지적해야 한다. 이러한 과정을 거쳐 선택된 안은 생각할 수 있는 여러 상황에 대한 대응방안까지를 포함하고 약점을 보완하게 되므로 좀 더 강력하고 현실적용성이 높아진다.

이 방법은 원래 천주교 성인(sainthood) 추대심사에서 추천된 후보의 성인추대 불가이유를 자료를 통해 주장하도록 공식적으로 역할을 부여받은 사람을 악마(devil)라고 부른데서 기인하며, 이 방법은 전략적 의사결정을 함에 있어 손쉽게 사용할 수 있고 그 효과가 뛰어나다는 장점이 있다.

이 방법의 진행은 다음과 같다.

① 의사결정에 참여한 집단을 둘로 나누든가 집단구성원 중 몇 명을 택하여 지명반론자로 임명한다.

② 한 집단이 먼저 문제해결에 대한 수렴된 의견을 제시한다.

③ 수렴된 의견을 지명반론집단 또는 지명반론자에게 설명을 한다.

④ 지명반론집단에서는 이에 대한 반론을 제시한다.

⑤ 제시된 이견을 바탕으로 최선의 해결책을 찾을 수 있도록 계속 토론을 한다.

⑥ 이와 같은 절차는 최종안이 나올 때까지 계속된다.

핵심내용 요약

1. 비판적 사고 개발방법

① 문제의식: 문제의식이란 어떤 현상에 대하여 문제가 있다고 보고 그에 적극 대처하려는 태도이다.

② 고정관념의 타파: 고정관념과 선입견 그리고 편견은 사람과 사물을 바르게 보는 시각에 영향을 줄 수 있다.

- 선입관(Preconception): 어떤 대상에 대하여 이미 마음속에 가지고 있는 주관적 판단 기준
- 고정관념(Stereotype): 사람이나 사물에 대하여 널리 퍼져 있는 지식이나 믿음
- 편견(Prejudice): 어떤 현상에 대하여 공정하지 못하고 한 쪽으로 치우친 사고나 견해

2. 비판적 사고의 적용

① '5Why' **기법**: 어떤 문제에 대한 근본적인 원인과 핵심에 대해 구체적으로 질문하면서 문제를 해결해 나가는 기법이다.

② **토의법**: 상반되는 두 가지 의견에 대해 토론하는 기법으로 두 가지 상반되는 제안들에 대한 반대논리가 있어야 발전이 있다는 데 근거한다.

③ **악마의 주장법**(Devil's Advocate Method): 집단을 둘로 나누어 한 집단이 제시한 의견에 대해서 반론 집단의 반론의 듣고 토론을 벌여 수정하고 보완하는 과정을 통해 최종안을 도출하는 방법이다.

MEMO

CHAPTER 09

논리적 사고

학습내용

1. 논리적 사고 정의
2. 논리적 사고 구성요소
3. 논리적 사고 특징

학습목표

1. 논리적 사고 정의를 설명할 수 있다.
2. 논리적 사고 구성요소를 설명할 수 있다.
3. 논리적 사고의 의미를 알고 사고 과정을 실제 작성할수 있다.

주 / 요 / 용 / 어

- 논리적 사고
- 체계적 설득
- 공감
- 이슈
- 인과관계
- 논리적 사고 구성요소

다른 사람의 공감을 불러오기 위한 전제조건

여러분은 기획서나 제안서를 상사나 동료에게 설명해야 하는 상황을 종종 겪게 될 것이다. 이럴 때 여러분은 많은 자료를 준비하고, 멋진 프레젠테이션 기법을 사용하여 열심히 설명을 하게 될 것이다. 그러나 상사에게 "그 프로젝트의 설명은 이해할 수 없어"."그건 말이 안 되네","김선생님의 프로젝트의 팩트가 무언지 모르겠어"라는 말을 듣게 된다면, 자료를 준비하는데 들인 시간과 노력이 헛수고로 느껴질 것이다. 아무리 많은 시간과 정성을 들여서 준비를 했더라도 논리적인 사고가 결여되어 있다면 다른 사람을 공감시키지 못하고 자신의 생각을 관철시키지 못할 것이다.

상대방이 기대하는 설득력 있는 답변

대박상담센터 정팀장은 대한민국 청소년 가요제를 진행하고자 프로젝트를 진행 담당팀과 기획회의를 가졌다. 하지만 홍보를 어떻게 할건지에 대한 아이디어가 마음에 들지 않았던 정팀장이 홍보담당 김과장에게 질문했다. "전략적으로 홍보를 어떻게 진행하자는 것인지 말씀해 주시겠어요?"

그러자 김과장은, "제가 말씀드리고 싶은 것은 ○○○입니다"라고 답변했다.

하지만 정팀장은 여전히 듣고 싶었던 답변을 제대로 들을 수 없었다. 무엇이 문제일까?

먼저, "제가 말씀드리고 싶은 것은…"이라는 말로 답변을 시작해서는 안 된다. 어찌 보면 종이 한 장 차이일 수도 있지만 관점을 바꿔야 한다. '내가 말하고 싶은 것'이 아니라 '내가 지금 답변해야 하는 과제에 대해 상대방에게 전달해야 하는 메시지'가 중요한 것이다.

정팀장의 질문에 김과장은 이에 대해 첫째, 나에게 주어진 과제를 충실히 해냈는가, 둘째, 상대방이 무엇을 기대하고 있는가를 확인해야 한다. 이는 어떠한 일이든 과정마다 항상 생각하고 고민해야 하는 부분이다.

실제로 이러한 사례는 비일비재하다. 이 때문에 과제를 원점에서 다시 시작하는 등 로스 비용이 많이 발생하고 있는 것이다. 논리적인 사고를 한다는 것은 결국 상대방이 원하는 정확한 답변을 설득력 있게 해낼 수 있느냐, 없느냐의 여부에 달려 있다.

이장에서는 논리적인 사고 과정을 실제 작성해보고 논리적 사고의 의미를 알수 있도록 한다. 그리고 논리적 사고의 과정이 이슈를 파악하고 이슈에 대해서 전후 관계를 생각해서 사고를 전개해 나가는 과정임을 알아본다.

1. 논리적 사고

논리적 사고는 직장생활 중에서 지속적으로 요구되는 능력이다. 업무 수행 중에 자신이 만든계획이나 주장을 주위 사람에게 이해시켜 실천시키기 위해서는 체계적인 설득과정을 거쳐야 하는데, 이 때 필요한 것이 논리적 사고이다.

사례연구

논리적 사고는 이슈를 명확히 파악하는 것이 중요하다. 이슈라는 것은 지금 생각해서 결론을 내야 할 논점은 무엇인가 하는 의미가 되어 보다 구체적으로 생각하거나 논의하는 내용을 명확히 하게된다. 다음 상황을 읽고, 주어진 질문에 답해 봄으로써 논리적인 사고를 해보자.

한별: 우리 회사 업무능률을 높일 수 있는 방법이 무엇일까? 근무환경, 결재라인 또는 직원 간의 화합이라든지 어떤 것이든 말해 줄 수 있겠어?

길영: 일전에 다른 직원과 이야기했을 때, "청소년들에게 즐거움을 줄 수 있는 프로젝트인데 담당할 직원이 없어서 착수하지 못한 일이 있었어. 그 프로젝트를 구체적으로 이번에 제안해 볼까?"라는 말을 들은 적이 있었는데....

운주: 그렇지만 같은 제안이라도 제안하는 사람에 따라 받아들여질지 어떨지 분명하지가 않아. 그 직원에게 기회가 돌아가도록 상사로 하여금 생각이 들게 하려면, 기본적인 일을 실수 없이 처리하고, 새로운 관점의 제안을 들고 왔을 때 가능하지 않을까?

길영: 아마도 직원들은 모두 틀에 짜인 일을 하게 되는 경우가 많아서 귀찮다고 생각하는 일이 많겠지? 그래서 업무능률이 저하되고 하고 싶지 않은 생각도 드는게 아닐까? "더욱 일을 하고 싶어 하는 마음"을 가지게 동기부여가 필요하다고 생각해.

운주: 그렇게 생각하면 충분히 그럴 수 있다고 생각하는데, 스스로 찾아서 일하는 긍정적 근무환경과 직원 간의 신뢰가 밑바탕이 되어 진다면 좋겠어. 그럼, 지금보다 즐거운 근무환경이 만들어지면 회사의 업무능률 또한 좋아지지 않을까?

1. 세 사람은 무엇에 대해서 이야기하고 있는지 이 대화에서 가장 중심이 되는 이유를 적어보자.

---

2. 1번 질문에 대해서 이 대화 다음, 당신이 세사람을 향하여 "결국 지금까지 이야기하고 있었던 것은 "(…는 …이다)라는 것인가?"라고 질문을 한다면, 어떠한 질문을 할 것인가?

---

3. 2번 질문에 스스로 대답한다면 어떻게 대답할 것인가? 자신의 의견과 그 이유를 간략하게 제시해 보자

제시된 사례연구는 직장에서 업무 수행중 자주 겪게 되는 상황으로, 논리적 사고의 중요성과 지속적으로 발휘되어야 하는 능력임을 알 수 있다. 논리적 사고는 사고의 전재에 있어서 전후의 관계가 일치하는가를 살피고 아이디어를 평가하는 능력을 의미한다. 이러한 논리적 사고는 다른 사람을 공감시켜 움직일 수 있게 하며, 짧은 시간에 헤매지 않고 사고할 수 있게 한다. 또한 행동을 하기 전에 생각을 먼저하게 하며, 주위를 설득하는 일이 훨씬 쉬워진다.

2. 논리적 사고의 구성요소

논리적인 사고를 하기 위해서는 다음 그림과 같이 생각하는 습관, 상대 논리의 구조화, 구체적인 생각, 타인에 대한 이해, 설득의 5가지 요소가 필요하다.

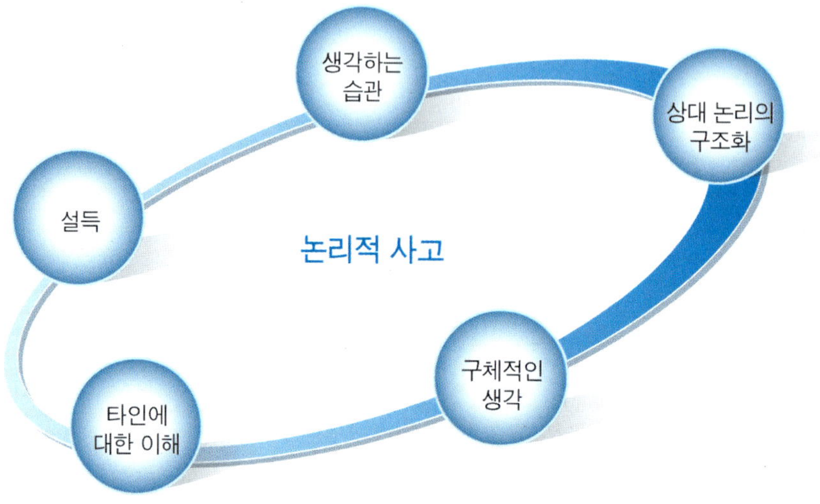

1) 생각하는 습관

논리적 사고에 있어서 가장 기본이 되는 것은 늘 생각하는 습관을 들이는 것이다. 생각할 문제는 우리 주변에 쉽게 찾아볼 수 있으며, 특정한 문제에 대해서만 생각하는 것이 아니라 일상적인 대화, 회사의 문서, 신문의 사설 등 어디서 어떤 것을 접하든지 늘 생각하는 습관을 들이는 것이 중요하다. "이것은 조금 이상하다", "이것은 재미있지만, 왜 재미있는지 알 수 없다"라는 의문이 들었다면, 계속해서 왜 그런지에 대해서 생각해보아야 한다. 특히 이런 생각은 출퇴근길, 화장실, 잠자리에 들기 전 등 언제 어디에서나 의문을 가지고 생각하는 습관을 들여야 한다.

2) 상대 논리의 구조화

상사에게 제출한 기획안이 거부되었을 때, 자신이 추진하고 있는 프로젝트를 거부당했을 때 왜 그럴까, 왜 자신이 생각한 것처럼 되지 않을까, 만약 된다고 한다면 무엇이 부족한 것일까 하고 생각하기 쉽다. 그러나 이 때 자신의 논리로만 생각하면 독선에 빠지기 쉽다. 이때에는 상대의 논리를 구조화하는 것이 필요하다. 상대의 논리에서 약점을 찾고, 자신의 생각을 재구축한다면 분명히 다른 메시지를 전달할 수 있다. 자신의 주장이 받아들여지지 않는 원인 중에 상대 주장에 대한 이해가 부족하다고 하는 것이 있을 수 있다.

3) 구체적인 생각

상대가 말하는 것을 잘 알 수 없을 때에는 구체적으로 생각해 보아야 한다. 업무 결과에 대한 구체적인 이미지를 떠올려 본다던가, 숫자를 적용하여 표현을 한다든가 하는 방법을 활용하여 구체적인 이미지를 활용하는 것은 단숨에 논리를 이해할 수 있는 경우도 많다.

4) 타인의 대한 이해

상대의 주장에 반론을 제시할 때에는 상대 주장의 전부를 부정하지 않는 것이 좋다. 동시에 상대의 인격을 부정해서는 안 된다. 예를 들어 "당신이 말하고 있는 것의 이 부분은 이유가 되지 못한다."고 하는 것은 주장의 부정이지만, "이런 이유를 설정한다면 애당초 비즈니스맨으로서는 불합격이다"라고 말하는 것은 바람직하지 못하다. 반론을 하든 찬성을 하든 논의를 함으로써 이해가 깊어지거나 논점이 명확해지고 새로운 지식이 생기는 등 플러스 요인이 생기는 것이 바람직하다.

5) 설득

논리적인 사고는 고정된 견해를 낳는 것이 아니며, 더구나 자신의 사상을 강요하는 것도 아니다. 자신이 함께 일을 진행하는 상대와 의논하기도 하고 설득해 나가는 가운데 자신이 깨닫지 못했던 새로운 가치를 발견하고 생각해 낼 수가 있다. 또한 반대로 상대에게 반론을 하는 가운데 상대가 미처 깨닫지 못했던 중요한 포인트를 발견할 수 있다.

설득은 공감을 필요로 한다. 설득은 논쟁을 통하여 이루어지는 것이 아니라 논증을 통해 더욱 정교해진다, 이러한 설득의 과정은 나의 주장을 다른 사람에게 이해시켜 납득 시키고 그 사람이 내가 원하는 행동을 하게 만드는 것이며 이해는 머리로 하고 납득은 머리와 가슴이 동시에 공감 되는 것을 말하고 이 공감은 논리적 사고가 기본이 된다.

3. 논리적 오류

천만 명이 본 영화라면 '와 얼마나 재밌길래…' 하는 생각 드시죠.
그럼 천만 명이 쓰는 카드라면 '와 얼마나 좋은 카드길래…' 하는 생각 안 드세요?
천만인의 카드 XX카드.

한 유명 카드회사의 홍보 문구다. 이런 마케팅 전략으로 카드회사는 큰돈을 벌었을지 모른다. 하지만 안타깝게도 이 카드회사의 주장은 논리적 오류로 가득 차 있다. 특정 카드를 1000만명이 넘게 사용하는 이유는 회사가 독점적 지위를 갖고 있기 때문일 수도 있고 품질과 직접 관련이 없는 유통망이나 마케팅 효과 때문일 수도 있다. 또 1000만명 넘는 사람이 이 회사 카드를 갖고 있다 하더라도 실제 물건을 살 때는 다른 회사 카드를 사용할 수도 있다.'천만명 사용=좋은 카드'라는 것에는 사실상 인과관계가 없는 셈이다. 다수 대중이나 군중을 활용해 어떤 주장의 타당성을 펴는 것은 명백한 논리적 오류다.

일상 생활에서 우리가 접하는 수많은 말 가운데 상당수는 이처럼 논리적 오류로 가득 차 있다. 특히 이런 논리적 오류를 밥 먹듯 활용하면서 혹세무민(惑世誣民)하는 정치인도 있다. 하지만 논술 시험에서는 이런 논리적 오류가 용납되지 않는다. 일상 생활에서 자주 발견되는 논리적 오류를 살펴보자.

1) 권위나 인신공격에 의존한 논증

정치인들이 활용하는 전형적 수법이다. "제정신을 가진 사람이라면 그런 주장을 펼 수 있겠는가"라는 말처럼 상대방의 주장이 아니라 상대방의 인격을 공격하는 게 대표적 사례다. 위대한 성인이나 유명한 사람의 말을 활용해 자신의 주장을 합리화하는 것도 오류가 될 개연성이 높다. 어떤 사람이 "대한민국 최고 권위자인 XXX 박사도 이런 말을 했습니다"라고 말한다면 자신의 논리적 취약점을 덮으려는 것이 아닌지 의심해 볼 필요가 있다. 같은 맥락에서 동정이나 연민에 의존하는 논증도 오류로 빠질 수 있다.

2) 허수아비 공격의 오류(strawman's fallacy)

상대방의 주장과는 전혀 상관 없는 별개의 논리를 만들어 공격하는 경우도 있다. 법정에서 많이 활용되는데 일례로 "피의자는 평소 사생활이 문란했고 마약을 복용한 전력도 있습니다. 따라서 살인 혐의로 기소돼야 합니다"란 주장을 살펴보자. 얼핏 '사생활 문란-마약-살인'은 연관성이 있어 보이지만 개별적 인과관계를 입증해야 설득력을 얻을 수 있다. 자칫 논리가 빈약한 경우 이렇게 엉뚱한 다른 문제를 공격해 이익을 취하는 경우가 많다. 토론에서 이런 오류를 능수능란하게 활용하는 사람이 많은데 당하지 않으려면 원래 논점과 완전히 다른 주제라는 점을 분명히 지적해 줘야 한다.

3) 무지의 오류

"담배가 암을 일으킨다는 확실한 증거는 없다. 따라서 정부의 금연 정책은 잘못이다." 얼핏 들어 보면 그럴 듯해 보이지만 증명되지 않았다고 해서 그 반대의 주장이 참인 것은 결코 아니다. 실제 '신이 존재하는가'란 문제처럼 증명할 수 없거나 증명이 어려운 경우도 부지기수다. 수많은 사이비들이 애용하는 논리적 오류다.

4) 결합 · 분할의 오류

"머리카락 하나가 빠지면 대머리가 되지 않는다. 두 개가 빠져도,100개가 빠져도 그렇다. 따라서 1만개가 빠져도 대머리가 되지 않는다." 이는 대표적인 결합 오류의 사례다. 하나의 사례에는 오류가 없지만 이처럼 여러 사례를 잘못 결합하면 완전히 오류에 빠지게 된다. 반대로 한 트럭에 실린 모래가 무겁기 때문에 한 알의 모래도 무겁다고 주장하는 것은 분할의 오류다. 논리적 주장을 확대하거나 반대로 쪼개서 적용할 경우 흔히 오류에 빠질 수 있다.

5) 성급한 일반화 오류

"한국인은 노예 근성이 있다. 남자는 늑대다. 흑인의 지능이 떨어진다." 이런 식의 주장은 성급한 일반화 오류에 빠진 경우다. 특정한 몇몇 사례만을 토대로 일반화했기 때문이다. 돌팔이 약장수들이 질병 치료에 성공한 몇몇 사례를 토대로 물건을 팔 때 사용하는 전형적 논리도 성급한 일반화 오류에 기반하고 있다.

6) 복합 질문의 오류

형사가 피의자에게 "또다시 이런 죄를 지을 것인가"라고 묻는 경우가 있다. 하지만 이 질문은 '예'나 '아니오' 어떤 답을 하더라도 피의자에게는 불리해지게 된다. '예'라고 대답하면 말할 것도 없고 '아니오'라고 답해도 이미 죄를 지었다는 것을 인정해 버리는 셈이기 때문이다. 이런 공격에서 자신을 방어하려면 복합 질문으로 인한 오류가 생겼음을 지적하고, '죄를 지었는가?'란 질문과 '또 이런 죄를 지을 것인가?'란 질문을 반드시 분리해야 한다고 주장해야 한다.

7) 과대 해석의 오류

문맥을 무시하고 과도하게 문구에만 집착할 경우 논리적 오류에 빠지게 된다. 성경에 나오는 '이웃을 사랑하라'는 말을 문구대로 과대 해석할 경우 도피 중인 중범죄자까지 보호해 주는 오류를 범할 것이다. 일상생활에서 "퇴근길에 조심하세요."라는 가족의 말을 '퇴근길 말고는 조심하지 말라'는 의미로 받아들이는 것도 이런 오류에 빠진 것이다.

8) 애매성의 오류

'여자는 남자보다 약하다. 따라서 여자는 오래 살지 못한다.' 여기서 '약하다'는 말은 지극히 애매하다. 키가 작다는 것인지, 힘이 약하다는 것인지, 질병에 잘 걸린다는 것인지 수백 가지 해석이 가능하다. 이런 애매함으로 이후 주장은 논리적 오류에 빠지게 된다. 또 "살인자는 벌을 받아야 한다. 사형 집행관도 살인자다. 따라서 사형 집행관도 벌을 받아야 한다"는 주장은 명확한 언어로 표현한 것 같지만 불법적 살인자와 공무상 사형을 집행해야 하는 입장을 명확히 구분하지 않았기 때문에 애매한 언어를 사용한 오류에 포함된다.

9) 연역법의 오류

연역법은 'A=B, B=C, so A=C'와 같은 삼단 논법을 칭하는 말이다. 그런데 자칫 논리적으로 완벽해 보이는 삼단 논법도 오류에 빠질 수 있다. 일례로 'TV를 자주 보면 눈이 나빠진다. 성진은 TV를 자주 안 본다. 따라서 성진은 눈이 나빠지지 않는다'는 논법의 오류를 보자. TV를 자주 보면 눈이 나빠진다는 대전제와 'TV를 자주 보지 않는 사람은 눈이 나빠지지 않는다.'는 주장은 별개이기 때문이다.

이외에도 일상생활에서 찾아볼 수 있는 논리적 오류는 무수히 많다. 특히 대중을 선동하거나 경제적 이익을 위해 이런 논리적 오류를 의도적으로 사용하는 사람들도 많다. 일상생활에서 흔히 보는 주장들에 대해 논리적으로 문제가 없는 것인지 자주 생각해 봐야 한다.

학습평가

각 문제 (　)안에 빠진 부분을 채워 보세요

1.

> 논리적 사고를 구성하는 다섯 가지 요소는 생각하는 습관, (　　　　　), 구체적인 생각, 타인에 대한 이해, (　　　　　)이다.

2.

> 논리적인 사고는 고정된 견해를 낳는 것이 아니며, 더구나 자신의 사상을 강요하는 것도 아니다. 자신이 함께 일을 진행하는 상대와 의논하기도 하고 (　　　　)해 나가는 가운데 자신이 깨닫지 못했던 새로운 가치를 발견하고 생각해 낼 수가 있다.

3.

> (　　　　　　　　)은 직장생활 중에서 지속적으로 요구되는 능력이다.
> (　　　　　　)없다면 아무리 많은 지식을 가지고 있더라도 자신이 만든 계획이나 주장을 주위 사람에게 이해시켜 실현시키기 어려울 것이며, 이 때 다른 사람들을 설득 하여야 하는 과정에 필요로 하는 것이 논리적 사고이다.

핵심내용 요약

1. 논리적 사고는 직장생활 중에서 지속적으로 요구되는 능력이다. 업무 수행 중에 자신이 만든 계획이나 주장을 주위 사람에게 이해시켜 실천시키기 위해서는 체계적인 설득과정을 거쳐야 하는데, 이 때 필요한 것이 논리적 사고이다.

2. 논리적인 사고를 하기 위해서는 생각하는 습관, 상대 논리의 구조화, 구체적인 생각, 타인에 대한 이해, 설득의 5가지 요소가 필요하다.

3. 논리적 오류는 논리학 용어로, 논증을 구성하거나 추론을 진행하는 데 있어 타당하지 않은 방식을 사용하는 것을 말한다

MEMO

CHAPTER 10

논리적 사고 개발

학습내용

1. 논리적 사고 개발
2. 논리적 사고 기법
   - 귀납적사고, 연역적사고, 피라미드구조, so what/why so, 로직트리(Logic Tree)

학습목표

1. 논리적 사고 개발방법을 설명할 수 있다.
2. 귀납적사고와 연역적사고를 이해하고 설명할 수 있다.
3. 피라미드 구조를 이해하고 적용할 수 있다.
4. so what/why so를 설명할 수 있다.
5. MECE를 설명할 수 있다.

주 / 요 / 용 / 어

- 귀납적 사고
- 연역적 사고
- 피라미드구조
- so what/why so
- MECE

미리보기

어떤 동료나 상사의 얘기는 논리적으로 귀에 쏙쏙 들어오면서 머릿속에 구조가 그려지곤 한다. 이는 자신의 의견이나 주장을 다른 사람들이 받아들이고 이해하기 쉽도록 논리적으로 제시하기 때문이다.

논리적인 사고의 시작은 주어진 정보로부터 확실히 말할 수 있는 것과 주어진 정보만으로는 말할 수 없는 것을 구별하는 것으로부터 시작된다. 다음 가전제품 회사에 근무하는 A와 B의 사례를 통해서 논리적 사고 개발의 필요성을 알아보자.

같은 정보에서 다른 결론이..

가전제품을 생산하고 판매하는 W사에 다음과 같은 정보가 입수되었다.

▽한국과 일본의 대형 가전 메이커 사이에 전자레인저나 에어컨 등 백색 가전제품을 서로 공급하는 계획이 확실시되었다.

▽저가격 제품의 대량 생산으로 급부상하는 중국 메이커에 대항하기 위해, 가자 자신 있는 제품이나 시장마다 영역을 나누어, 국제적인 분업 체제를 만들고자 하고 있다

▽한, 일 메이커가 개별 제품마다 제휴, 합병한 예는 있지만, 서로 영역을 나눠 공존을 꾀하는 형태의 제휴는 드물다.

이와 같은 정보를 입수한 W사의 기획부서의 A와 B는 다음과 같은 결론을 내리게 되었다.

A: 한국과 일본의 가전 메이커에게 중국의 기업은 위협이 되고 있다.

B: 일본의 가전 메이커는 국제 경쟁력을 잃고 있다.

이번 장에서는 논리적 사고를 개발하는 방법으로 논리적 비약이나 오류 없이 상위 개념에서 하위 개념으로 사고하는 과정을 직접 작성해 본다. 그 과정을 통해 논리적 사고 개발을 위한 방법을 경험하고 실제 업무 상황에서 적용할 수 있는 것이 중요하다는 것을 알 수 있다.

1. 논리적 사고 개발 방법

논리적인 사고를 개발하는 방법은 상위 개념으로부터 하위 개념을 분류해 나가는 방법과 하위개념으로부터 상위개념을 만들어가는 방법이 있다. 이 때 논리적 사고를 위해서는 상·하위 개념 간에 비약이나 오류가 없어야 한다. 예를들어 경비 삭감의 방법을 찾으라는 업무를 맡을 경우, 다음과 같은 논리적 사고 과정을 거칠 수 있다.

주어진 예를 참조하여, 현재 자신이 맡고 있는 업무에서 겪고 있는 문제 상황 한 가지를 선정해서 논리적인 사고이 과정을 만들어 보자.

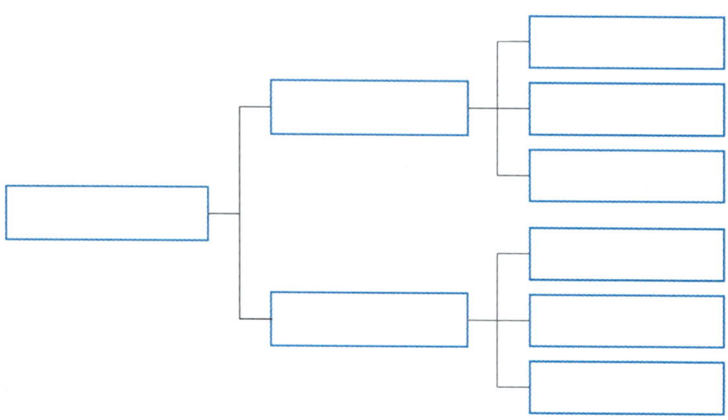

2. 논리적 사고 기법

논리적 사고를 개발하기 위한 기법은 여러 가지가 있다.

이 장에서는 귀납적 사고, 연역적 사고, 피라미드 구조, so what/why so, MECE의 대해 살펴보자.

1) 귀납적 사고

개별적인 특수한 사실이나 원리로부터 그러한 사례들이 포함되는 좀 더 확장된 일반적 명제를 이끌어내는 것을 귀납(歸納, induction)이라 하며, 이러한 귀납적 추리의 방법과 절차를 논리적으로 체계화한 것을 귀납법이라 한다.

귀납(歸納, induction)은 개별적인 특수한 사실이나 현상에서 그러한 사례들이 포함되는 일반적인 결론을 이끌어내는 추리의 방법이다. 귀납이라는 말은 '이끌려가다'는 뜻을 지닌 라틴어 'inductio, inducere'에서 비롯되었다. 곧 귀납은 개개의 구체적인 사실이나 현상에 대한 관찰로서 얻어진 인식을 그 유(類) 전체에 대한 일반적인 인식으로 이끌어가는 절차이며, 인간의 다양한 경험, 실천, 실험 등의 결과를 일반화하는 사고 방식이다.

예수는 죽었다.
공자는 죽었다.
석가는 죽었다.
소크라테스는 죽었다.
사람은 모두 죽는다. (결론)

2) 연역적 사고

하나 또는 둘 이상의 명제를 전제로 하여 명확히 규정된 논리적 형식에 의해 새로운 명제를 결론으로 이끌어내는 것을 연역(演繹, deduction)이라 하며, 이러한 연역적 추리의 방법과 절차를 논리적으로 체계화한 것을 연역법이라 한다.

연역(演繹, deduction)이란 이미 알고 있는 하나 또는 둘 이상의 명제를 전제로 하여 명확히 규정된 논리적 형식들에 근거해 새로운 명제를 결론으로 이끌어내는 추리의 방법이다. 연역을 일반적인 사실이나 원리에서 개별적이고 특수한 사실이나 원리를 이끌어내는 것으로 정의하기도 한다. 하지만 전제와 결론이 모두 특수 명제인 경우도 있으므로 이는 지나치게 협소한 이해라고 할 수 있다.

연역은 귀납(歸納, induction)과 달리 전제와 결론의 구체적인 내용은 문제로 삼지 않으며 엄격한 논리적 규칙에 의존한다. 귀납에서 추론의 타당성은 전제와 결론을 뒷받침하는 내용에 달려 있다. 귀납적 추론은 근본적으로 관찰과 실험에서 얻은 부분적이고 특수한 사례를 근거로 전체에 적용시키는 이른바 '귀납적 비약'을 통해 이루어진다. 때문에 귀납에서 얻어진 결론은 일정한 개연성을 지닐 뿐이며, 사실 정보에 따라 타당성의 정도도 달라진다. 하지만 연역에서는 논리적 형식의 타당성을 갖추고 있는 한, 결론은 전제들로부터 필연성을 가지고 도출된다. 연역에서는 전제가 결론을 확립해 주는 결정적 근거가 된다. 전제가 참일 경우 그러한 전제에 의해 뒷받침되는 결론 역시 반드시 참이 되며, 전제와 결론 사이의 이러한 필연 관계는 논리적 형식과 규칙의 타당성에 근거해 성립한다.

이처럼 연역은 결론의 내용이 이미 전제 속에 포함되어 있다는 점에서 진리보존적(truth-preserving) 성격을 지닌다. 연역은 전제에 없었던 새로운 사실적 지식의 확장을 가져다 주지는 못하며, 이미 전제 속에 포함되어 있는 정보를 명확하고 새롭게 도출해낼 뿐이다. 하지만 연역적 추리(deductive inference)는 논리적 일관성과 체계성을 가져다 준다. 때문에 일상 생활에서도 널리 적용되어 나타난다. 어떤 행위가 옳은 것인지 아닌지를 따지는 윤리적 판단들은 대부분 연역적 방법에 기초해 나타난다. 개별 행위의 유형을 포괄하는 보편적 규범에 기초해 옳

MEMO

문제해결능력

PART

3

문제해결 처리방안

CHAPTER 11

문제해결 절차

학습내용

1. 문제처리의 정의와 절차
2. 문제 인식의 의미와 절차
3. 문제도출의 절차와 과제선정

학습목표

1. 문제처리의 정의와 절차를 설명할 수 있다.
2. 문제 인식의 의미와 절차를 설명할 수 있다.
3. 문제도출의 절차와 과제를 선정할 수 있다.

주 / 요 / 용 / 어

- 문제처리
- 문제인식
- 3C 분석
- SWOT 분석
- 문제도출
- 과제선정

어느 회사의 문제처리 절차

전기제품을 판매하는 P사의 지난 10년간의 성장은 눈부셨다. 하지만 올해 들어 판매량이 급격이 줄어들고, 회사는 내리막길을 걷고 있다. P사의 본사에는 반품과 고객 불만 메일이 매일 매일 쇄도하고 있다. P사의 경영진은 이러한 판매부진 문제를 해결하기 위해서 전략회의를 개최하였다.

판매담당자는 "이제 완전히 새로운 차세대 제품군을 선보여야 해요"라고 주장했다. 그러자, 매장담당자가 "일주일 정도밖에 안 되는 짧은 기간에 시장에서 갑자기 저희 제품이 구식이라고 결정했다는 것은 너무 큰 비약이라고요"라고 반박을 했다. 이후 몇 분간의 논의가 이어진 후에 P사는 문제를 해결하기 위한 문제해결 팀을 구성하기로 하고, 해결방안에 대해서 모색하게 되었다. 이에 문제 처리 팀에서는 다음과 같은 결론을 제시하였다.

① 대리점에 인센티브를 주는 것은 단기간 적용할 수 있는 해결방안으로 근본적인 해결방안이 아니다.
② 새로운 제품을 개발하려면 몇 달이라는 긴 시간이 소요되므로, 현재의 판매부진 문제를 해결해 주지는 못할 것이다.
③ 판매량에 급격한 변화가 생겼다는 것은 생산, 유통, 판매 과정 중 어디선가 문제가 있다는 것을 의미한다. 문제의 원인을 찾아서 규명하는 것이 문제점을 영구적으로 해결하는데 도움이 될 뿐만 아니라 회사 입장에서도 새로운 제품을 개발할 충분한 시간을 벌 수 있을 것이다.

- 이 회사의 문제해결 팀은 회사 내의 프로세스상의 문제를 인식하고, 원인을 분석한 다음 해결안을 제시하고 있다. 만약 회사가 문제해결 절차를 알고 있지 못하다면 어떤 일이 발생하였을까?

____

____

- 문제를 해결하는 과정은 어떤 장애와 어려움이 있을까?

____

____

1. 문제처리의 정의

문제처리능력은 문제를 해결해 나가는 실천과정에서 실제적으로 요구되는 능력이다. 문제처리능력은 업무수행 중에 발생한 문제의 원인 및 특성을 파악하고, 적절한 해결안을 선택, 적용하고 그 결과를 평가하여 피드백 하는 능력을 말한다. 문제를 어떻게 합리적이고 효율적으로 해결할 것인가 하는 능력은 문제해결의 성패를 결정하는 중요한 요소로서, 문제처리능력을 배양함으로써 합리적인 문제해결이 가능하게 될 것이다.

문제처리능력이란 목표와 현상을 분석하고 이 분석결과를 토대로 문제를 도출하여 최적의 해결책을 찾아 실행, 평가 처리해 나가는 일련의 활동을 수행하는 능력이라 할 수 있다. 이러한 문제처리능력은 문제해결절차를 의미하는 것으로, 일반적인 문제해결절차는 다음 그림과 같이 문제 인식, 문제 도출, 원인 분석, 해결안 개발, 실행 및 평가의 5단계를 따른다.

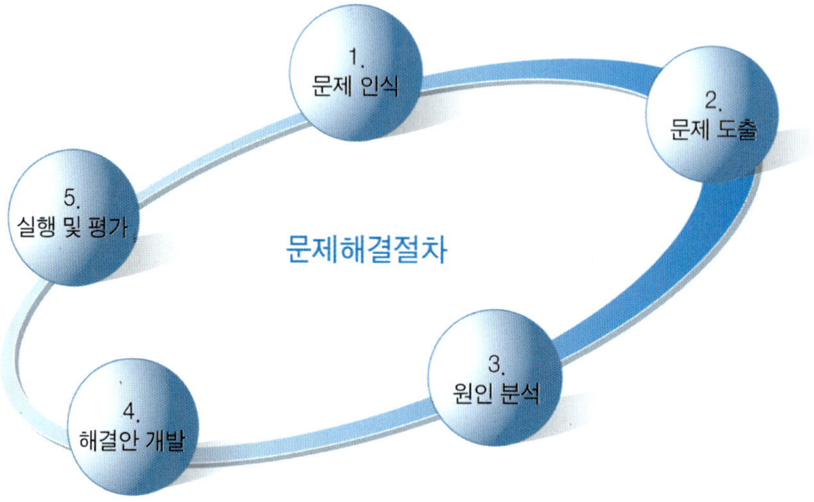

〈표 11-1〉 문제해결절차 단계별 핵심 내용

단계	내용
문제 인식	해결해야 할 전체 문제를 파악하여 우선순위를 정하고, 선정문제에 대한 목표를 명확히 하는 단계
문제 도출	선정된 문제를 분석하여 해결해야 할 것이 무엇인지를 명확히 하는 단계
원인 분석	파악된 핵심문제에 대한 분석을 통해 근본 원인을 도출하는 단계
해결안 개발	문제로부터 도출된 근본원인을 효과적으로 해결할 수 있는 최적의 해결 방안을 수립하는 단계
실행 및 평가	해결안 개발을 통해 만들어진 실행계획을 실제 상황에 적용하는 활동으로 당초 장애가 되는 문제의 원인들을 해결안을 사용하여 제거하는 단계

2. 문제 인식의 절차

문제해결과정 중 가장 먼저 해야 될 일은 해결해야 할 문제를 인식하는 일이다. 그러나 문제를 인식하기 위해서는 현상에 만족하지 않고 전향적인 자세로 개선을 하고자 하는 문제의식과 의욕이 있어야 한다.

1) 문제 인식의 의미와 절차

문제 인식은 문제해결과정 중 'what'을 결정하는 단계로, 해결해야 할 전체 문제를 파악하여 우선순위를 정하고, 선정문제에 대한 목표를 명확히 하는 절차를 거치며, 환경 분석, 주요 과제 도출, 과제 선정의 절차를 통해 수행된다.

절차	환경 분석 ▶	주요 과제 도출 ▶	과제 선정
내용	Business System상 거시 환경 분석	분석자료를 토대로 성과에 미치는 영향/의미를 검토하여 주요 과제 도출	후보과제를 도출하고 효과 및 실행 가능성 측면에서 평가하여 과제 도출

[그림 11-1] 문제인식의 절차

2) 환경 분석

문제가 발생하였을 때, 가장 먼저 고려해야 하는 점은 환경을 분석하는 일이다. 예를 들어 A 상품의 판매 이익이 감소하고 있는 현상이 발견되었다고 한다면, A상품의 판매 이익을 개선하는 것이 주요 과제가 된다. 이 때 주요 과제를 해결하는데 있어서 가장 먼저 실시되는 것이 환경 분석이 된다. 환경 분석을 위해서 주요 사용되는 기법으로는 3C 분석, SWOT 분석방법이 있을 수 있다.

(1) 3C 분석

사업 환경을 구성하고 있는 요소인 자사, 경쟁사, 고객을 3C라 하며, 3C에 대한 체계적인 분석을 통해서 환경 분석을 수행할 수 있다.

3C 분석에서 고객 분석에서는 "고객은 자사의 상품/서비스에 만족하고 있는지"를, 자사 분석에서는 "자사가 세운 달성목표와 현상 간에 차이가 없는지"를 경쟁사 분석에서는 "경쟁기업의 우수한 점과 자사의 현상과 차이가 없는지"에 대한 질문을 통해서 환경을 분석하게 된다.

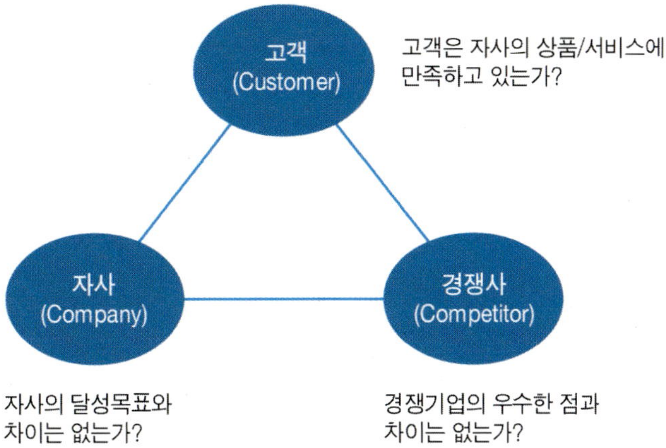

[그림 11-2] 3C 분석과 관점의 정의

〈표 11-2〉 3C 분석의 핵심 내용

고객	목표 고객을 누구로 하여 어떤 가치를 제공할 것인가?
경쟁사	경쟁사와 무엇을, 어떻게 차별화할 것인가?
자사	어느 부문에 경영자원을 집중할 것인가?

① 고객 분석

고객 분석에서는 목표시장을 명확히 하여 목표시장의 시장규모, 성장성 및 시장의 추세, 고객의 구매 패턴, 고객만족 및 불만요인, 세분화 된 고객집단별 니즈를 분석하여 고객에게 새로운 가치를 제공하기 위한 전략을 개발한다.

② 경쟁사 분석

경쟁사 분석에서는 경쟁사의 경영전략, 성장성, 수익성 등의 재무전략, 경영인프라, 인적자원, 마케팅 역량, 기술력 및 품질수준, 핵심역량, 사업 포트폴리오, 브랜드 이미지, 시장 점유율 등 시장에서의 경쟁상황을 파악한다.

③ 자사 분석(내부분석)

자사 분석은 경쟁사 분석에서와 동일한 항목을 중심으로 상호 강점과 약점을 비교 분석하면 좋다. 분석한 내용을 토대로 경쟁사를 공략할 수 있는 경쟁력과 전략을 도출해 낸다.

사례연구 1

문제를 인식하기 위해서는 문제 상황에 대해서 고객, 자사, 경쟁사의 환경을 분석하고, 환경 분석 결과를 토대로 해결해야 하는 과제들을 도출하는 일이 필요하다. 최근 자신이 수행하고 있는 업무 상황에서 겪은 문제를 생각해보고, 다음 빈 칸을 작성해 봄으로써, 문제 인식의 중요성을 생각해 보자.

1. 최근 수행했던 업무 중 발생했던 문제는?

2. 자신이 겪었던 문제가 발생하게 된 주변 환경을 고객, 자사, 경쟁사로 구분해서 분석해 보자.

① 고객의 요구

② 자사의 상황

③ 경쟁사의 상황

____

____

3. 자신이 겪었던 문제에 대한 고객, 자사, 경쟁사에 대한 환경 분석 결과 해결해야 하는 문제는?

____

____

____

(2) SWOT 분석

SWOT 분석은 조직 내부의 강점, 약점과 외부환경의 기회, 위협요인을 분석 평가하고 이들을 서로 연관 지어 전략을 개발하고 문제해결 방안을 개발하는 방법이다.

[그림 11-3] SWOT 분석

SWOT 분석은 내부 환경요인과 외부환경요인의 2개의 축으로 구성되어 있다. 내부 환경 요인은 자사 내부의 환경을 분석하는 것으로 분석은 다시 자사의 강점과 약점으로 분석된다. 외부환경 요인은 자사의 외부환경을 분석하는 것으로 분석은 다시 기회와 위협으로 구분된다. 내부 환경 요인과 외부환경 요인에 대한 분석이 끝난 후에 매트릭스가 겹치는 SO, WO, ST, WT에 해당되는 최종 분석을 실시하게 된다.

SO는 강점과 기회가 겹치는 부분으로 내부강점과 외부기회를 극대화하기 위한 대안을 도출한다. WO는 외부기회를 이용하여 내부약점을 강점으로 전환하기 위한 방법을 도출한다.

ST는 외부위협을 최소화하기 위해 내부 강점을 극대화하는 방법이 도출한다.

WT는 내부약점과 외부위협을 최소화하기 위한 방법을 도출한다.

〈표 11-3〉 SWOT 분석의 전략별 방향성

구분	내용
SO 전략	외부 환경의 기회를 활용하기 위해 강점을 사용하는 전략
ST 전략	외부 환경의 위협을 회피하기 위해 강점을 사용하는 전략
WO 전략	자신의 약점을 극복함으로써 외부 환경의 기회를 활용하는 전략
WT 전략	외부 환경의 위협을 회피하고 자신의 약점을 최소화하는 전략

① **외부 환경요인 분석(Opportunities, Threats)**

가. 자신(자사)을 제외한 모든 것(정보)을 기술한다. 긍정적인 방향으로 작용하는 것은 기회, 부정적인 방향으로 작용하는 것은 위협으로 분류한다.

나. 전문저널, 관련 단체, 언론매체 및 개인 정보망 등을 통하여 수집한 정보를 영향의 정도에 따라 순서대로 기술하고 구체화한다.

다. 인과관계가 있는 경우 화살표로 연결한다.

라. 동일한 데이터라도 자신에게 긍정적으로 전개되면 기회로, 부정적으로 전개되면 위협으로 나눠진다. 기회와 위협에 대한 분류는 개인마다 다르게 판단할 수 있다. 외부 환경분석에는 PESTCCI 체크리스트를 활용하면 편리하다.

Politic(정치)	Economic(경제)	Social(사회)	Technology(기술)
Client(고객)	Competition(경쟁)	Information(정보)	

② **내부역량 분석(Strength, Weakness)**

가. 경쟁자와 비교하여 나(자사)의 강점과 약점을 분석한다.

나. 강점과 약점의 내용: 보유하거나, 동원 가능하거나, 활용 가능한 자원(resources)

다. 내부역량 분석에는 7S 모델이나 MMMITI 체크리스트를 활용할 수 있다.

Shared value(공유가치)	Structure(구조)	System(시스템)	Strategy(전략)
Style(리더십 스타일)	Staff(구성원)	Skill(기술)	

사례연구 2

대학생활을 하는 동안 개인은 매일 크고 작은 문제들에 직면하게 되고, 이를 처리하는 과정을 거칠 것이다. 때로는 성공적으로 문제를 해결하는 경험을 하기도 할 것이고, 반대로 문제를 더 악화시키거나 문제해결을 못한 경험도 하게 될 것이다. 지금까지 업무를 추진하면서 자신이 겪은 문제 중 성공적으로 해결한 경우와 그렇지 않은 경우, 그 문제와 이유를 작성해 보자.

성공적으로 문제를 해결한 경우

문제: ____________________

문제의 원인: ____________________

____

문제를 성공적으로 해결한 이유: ____________________

____

성공적으로 문제를 해결하지 못한 경우

문제: ____________________

문제의 원인: ____________________

____

문제를 성공적으로 해결하지 못한 이유: ____________________

____

3. 문제도출의 절차

환경 분석을 통해 현상을 파악한 후에는 분석결과를 검토하여 주요 과제를 도출해야 한다. 과제 도출을 위해서는 한 가지 안이 아닌 다양한 과제 후보 안을 도출해내는 일이 선행되어야 한다. 주요 과제 도출은 다음 그림과 같은 sheet를 이용해서 하는 것이 체계적이며 바람직하다. 또한 주요 과제 도출에 있어서 과제안을 작성할 때는 과제안 간의 수준은 동일한지, 표현은 구체적인지, 주어진 기간 내에 해결가능한 과제인지를 확인해야 한다.

〈표 11-4〉 문제도출 Sheet

구분	요소 1	요소 2	요소 3
환경			
고객			
경쟁사			
자사			
↓			
과제안	①		
	②		
	③		
	④		

1) 과제 선정

과제 선정은 과제안 중 효과 및 실행 가능성 측면을 평가하여 우선순위를 부여한 후 가장 우선순위가 높은 안을 선정하며, 우선순위 평가 시에는 과제의 목적, 목표, 자원현황 등을 종합적으로 고려하여 평가한다. 과제 선정은 다음 그림과 같은 sheet를 활용함으로써 효과적으로 이루어질 수 있다.

〈표 11-5〉 과제 선정 Sheet

구분	평가 기준 1	평가 기준 2	평가 기준 3	종합점수	우선순위
과제안 1					
과제안 2					
과제안 3					
과제안 4					

2) 과제 평가

과제에 대한 평가는 과제해결의 중요성, 과제착수의 긴급성, 과제해결의 현실성 등을 고려하여 종합적인 평가를 하는 것이 바람직한데, 구체적으로 SUGAC 평가기준을 많이 사용하기도 한다.

〈표 11-6〉 세부 과제 평가 기준

구분	내용
중요성 (significance)	이 프로젝트를 수행하는 것이 중요한가?
긴급성 (urgency)	이 프로젝트를 수행하는 것이 긴급한가?
확대경향성 (growth tendency)	이 프로젝트를 실행하지 않으면 어떤 부정적 결과가 예상되는가? 그리고 이런 부정적 결과는 향후 확대될 것으로 생각되는가?
현실성 (achievable)	현재의 인적·물적 자원을 가지고 실행할 수 있는가?
정렬 (alignment)	상위목표나 전략, 다른 부문의 목표나 전략과의 상충 가능성은 없는가?
수용성 (acceptance)	프로젝트 수행에 따라 직·간접적으로 영향을 받는 이해관계자들이 이를 흔쾌히 수용할 것인가?
통제성 (control)	이슈 실행에 대한 통제권한이 조직 내부에 있는가?

3) 문제도출의 의미와 절차

문제 도출은 선정된 문제를 분석하여 해결해야 할 것이 무엇인지를 명확히 하는 단계로 현상에 대하여 문제를 분해하여 인과관계 및 구조를 파악하는 단계이다. 이러한 문제 도출은 문제 구조 파악, 핵심 문제 선정의 절차를 거쳐 수행된다.

절차	문제 구조 파악	▶	핵심 문제 선정
내용	문제를 작고, 다룰 수 있는 이슈들로 세분화		문제에 영향력이 큰 이슈를 핵심이슈로 선정출

[그림 11-4] 문제 도출의 절차

4) 문제구조 파악

전체 문제를 개별화된 세부 문제로 쪼개는 과정으로 문제의 내용 및 미치고 있는 영향 등을 파악하여 문제의 구조를 도출해내는 것이다. 문제 구조 파악에서 중요한 것은 본래 문제가 발생한 배경이나 문제를 일으키는 구조를 분명히 해야 한다. 또한 문제 구조 파악을 위해서는 현상에 얽매이지 말고 문제의 본질과 실제를 봐야 하며, 한쪽만 보지 말고 다면적으로 보며, 눈앞의 결과만 보지 말고 넓은 시야로 문제를 바라봐야 한다.

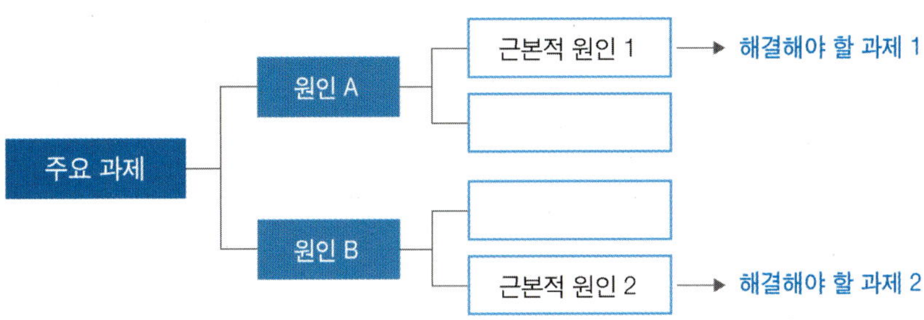

[그림 11-5] 문제 구조 파악

핵심내용 요약

1. 문제해결 절차는 문제인식, 문제도출, 원인 분석, 해결안 개발, 실행 및 평가의 5단계를 따른다.

2. 문제 인식은 문제해결과정 중 'what'을 결정하는 단계로, 해결해야 할 전체 문제를 파악하여 우선순위를 정하고, 선정문제에 대한 목표를 명확히 하는 절차를 거친다.

3. 사업 환경을 구성하고 있는 요소인 자사, 경쟁사, 고객을 3C라고 하며, 3C에 대한 체계적인 분석을 통해서 환경 분석을 수행할 수 있다.

4. SWOT 분석은 조직의 내부 강점(Strength)과 약점(Weakness), 외부 환경의 기회(Opportunity) 및 위협(Threat) 요인을 분석하는 기법이다.

5. 문제를 인식한 후에는 선정된 문제를 분석하여 해결해야 할 것이 무엇인지를 명확히 하는 문제도출단계를 거치게 된다.

MEMO

CHAPTER 12

문제의 원인과 해결방안

학습내용

1. 문제의 원인 분석
2. 문제해결 방안 의미와 절차
3. 문제해결 방안 실행 및 평가

학습목표

1. 문제의 원인을 파악하고 분석을 할 수 있다.
2. 문제해결 방안의 의미와 절차를 설명할 수 있다.
3. 문제해결 방안의 실행과 평가를 할 수 있다.

주 / 요 / 용 / 어

- 문제원인
- 원인분석
- 문제해결방안
- 문제해결방안 절차
- 문제해결방안 실행
- 실행결과 평가

미리보기

셀프코칭을 통한 문제해결

가지를 잘 쳐주고 받침대로 받쳐 준 나무는 곧게 잘 자라지만, 내버려 둔 나무는 아무렇게나 자란다. 사람도 이와 마찬가지여서 남이 자신의 잘못을 지적해 주는 말을 잘 듣고 고치는 사람은 그만큼 발전한다. – 공자

최근 새롭게 부각되고 있는 '셀프코칭'(Self-Coaching)이란 스스로 문제해결을 하는 능동적인 인재로 거듭나기 위한 방법을 의미한다. 자신이 자신의 코치가 되어 자신을 위한 질문을 해보는 것이 '셀프코칭'의 핵심이다. '지금 당장 내가 해야 할 일은 무엇이지?' 사람들은 자기스스로 질문을 통해서 생각을 정리하고 실수의 원인과 문제해결책을 찾아내는 능력이 있다. 자신을 위한 질문은 스스로를 업그레이드하는데 유용하다.

직장 생활에서는 무엇보다 필요한 것은 문제해결 능력이다. 새로운 문제를 스스로 알아서 해결하는 인재야말로 조직에서는 없어서 안 되는 보물과 같다. 현시대에는 다양한 문제를 해결하는 창의적인 인재가 필요하다. 급변하는 21세기에는 상사가 시키는 일만 기다려서는 절대로 창의적인 인재가 되지 못한다.

"요즘 쓸 만한 인재가 없어 걱정이야"

어느 최고경영자들의 넋두리다. 고만고만한 인재는 많은데 특출한 인재가 없다는 말이다. "일을 일일이 가르치는 것도 이제는 힘겹다"는 중견간부의 말을 귀담아들어야 한다. 직장인들은 이제 생존을 위해서는 끊임없이 자기혁신을 해야만 한다. 자기혁신이란 자신만 잘 살겠다는 것이 아니라 자신부터 혁신을 하겠다는 의지를 말한다.

'나는 무엇을 잘하는가?' '앞으로 나는 무엇을 잘 할 수 있는가?' '자신의 강점을 최대한 활용하기 위해 나는 무엇을 해야 하는지 아는가?' 스스로 질문을 통해서 자신의 가치를 재정립시키는 과정이 제일 중요하다. 직장 내 구성원들은 자신의 업무에 대한 가치를 깨닫지 못했을 때 조직에서 자리만 차지하게 된다. 사실 자신을 객관화하기란 말처럼 쉽지 않다.

'내가 과연 해낼 수 있을까?'가 아니라, '나라고 못할 것은 없잖아!'라고 질문하는 것이다.

직장에서 어떤 문제가 발생했을 때 많은 사람들이 제일 먼저 선택하는 행동은 회피하기다. 회피하려는 행동을 보이다가 스트레스를 받으면서도 참고 견딘다. 하지만 제일 먼저 해야 할 것은 문제 자체를 겸허히 인정하는 것이다. 끊임없는 자기질문을 통해서 자신을 인정해야 한다. 또한 이렇게 스스로 찾은 해답은 어떤 말에도 흔들리지 않는 자기에 대한 확신을 가져야 한다.

약점을 줄이는 것 보다 강점을 늘리려는 것에 신경 써야 한다. 약점에 초점을 맞춰서 평범한 사람으로 전락하지 말아야 한다. 자발적인 직무수행 보다는 위에서 그때그때 시키는 업무 중심으로 수행해 왔던 사람은 높은 위치에 오르지 못한다. 자신의 직무 범위를 명확히 규정하고, 자신의 강점을 살릴 수 있는 방법에 몰두해야 한다.

무엇보다도 '셀프코칭'은 다른 사람에 의지 하지 않는다는 점에서 매우 큰 힘을 발휘한다. 능동적인 인재로 자신을 끌어올릴 때 비로소 '셀프코칭'이 완성된다. 경력관리 차원은 물론, 직장생활 등에서 유용하게 활용될 수 있는 가능성이 많은 비즈니스 가능성을 제시한다. 자신 스스로 문제해결을 할 수 있는 '셀프코칭'은 시대적 흐름과 맞물려 있다는 사실을 기억해야 한다.

이승엽 선수가 세계적인 타자가 되는 데에는 박흥식 코치가 있었기 때문이다. 이승엽이 슬럼프에 빠질 때마다 박흥식 삼성 타격코치로부터 타격 폼을 코칭을 받고 전성기 시절 스윙을 되찾고 있다. 수직적인 관계에서 수평적인 관계 설정이 바로 코칭의 마인드이다. 야구, 축구, 농구 등 스포츠에서 코치의 역할이 중요하다. 감독이 리더십으로 팀을 이끌었다면, 코치는 코칭을 통해 개개인 선수의 기량을 끌어올리는 데에 힘써야 한다.

물론 전문적인 코치가 있다면 좋겠지만 비즈니스 현실에서는 일일이 코치에게 물어볼 수가 없다. '과연 나에게 가장 핵심강점은 무엇인가'라고 말이다. 이 세상에서 가장 훌륭한 조언가는 바로 자신이다. 무슨 일을 하기 전에 자신에게 질문하는 습관은 매우 훌륭한 방법이 될 것이다. 이런 '셀프코칭'의 패러다임은 최고경영자에서 말단사원까지 스스로 문제해결 능력을 업그레이드하는 역할을 할 것이라 믿어 의심치 않는다. 이제부터 무슨 일을 하기 전에 한번 자문(自問)해보는 습관을 갖자.

출처: 인크루트 전문가칼럼. 윤영돈의 커리어 코치

1. 문제의 원인 분석

문제를 도출한 후에는 선정된 핵심문제에 대한 잠재원인과 근본원인을 찾기 위한 원인 분석단계를 거친다. 원인을 분석하기 위해서는 문제 상황에 대한 원인들을 모두 조사한 후, 주요 원인들로 범주화하는 과정이 필요하다. 이는 근본적인 원인을 찾아나가는 핵심적인 방법으로, 해결방안을 결정하기 위해서 수행해야 하는 절차이다. 원인 분석은 이슈 분석, 데이터 분석, 원인 파악의 절차로 진행된다. 핵심 이슈에 대한 가설을 설정한 후, 가설 검증을 위해 필요한 데, 데이터를 수집 · 분석하여 문제의 근본원인을 도출해 나가는 것이다.

절차	이슈 분석	▶	데이터 분석	▶	원인 파악
내용	• 핵심이슈 설정 • 가설 설정 • Output 이미지 결정		• 데이터 수집 계획 수립 • 데이터 정리/가공 • 데이터 해석		근본원인을 파악하고 원인과 결과를 도출

[그림 12-1] 원인 분석 절차

1) Issue 분석

이슈 분석은 핵심 이슈 설정, 가설설정, output 이미지 결정의 절차를 거쳐 수행된다.

(1) 핵심 이슈 설정

핵심 이슈는 현재 수행하고 있는 업무에 가장 크게 영향을 미치는 문제로 선정하며, 사내외 고객 인터뷰 및 설문조사, 관련 자료 등을 활용하여 본질적인 문제점을 파악하는 방법으로 수행된다.

(2) 가설설정

가설설정은 핵심 이슈가 설정된 후에는 이슈에 대해 자신의 직관, 경험, 지식, 정보 등에 의존하여 일시적인 결론을 예측해보는 가설을 설정한다. 가설설정은 관련 자료, 인터뷰 등을 통해 검증할 수 있어야 하며, 간단명료하게 표현하고, 논리적이며 객관적이어야 한다.

(3) Output 이미지 결정

가설설정 후에는 가설검증 계획에 따라 분석 결과를 미리 이미지화한다.

2) Data 분석

데이터 분석은 데이터 수집계획 수립, 데이터 수집, 데이터 분석의 절차를 거쳐 수행된다. 데이터 수집 시에는 목적에 따라 데이터 수집 범위를 정하고, 일부를 전체로 해석할 수 있는 자료는 제외해야 한다. 또한 정량적이고 객관적인 사실을 수집하고, 자료의 정보원을 명확히 해야 한다. 데이터 수집 후에는 목적에 따라 수집된 정보를 항목별로 분류 정리한 후 'what', 'why', 'how' 측면에서 의미를 해석해야 한다.

3) 원인 파악

원인 파악은 이슈와 데이터 분석을 통해서 얻은 결과를 바탕으로 최종 원인을 확인하는 단계이다. 원인 파악 시에는 원인과 결과사이에 패턴이 있는지를 확인하는 것이 필요하며, 이러한 원인의 패턴은 다음과 같다.

(1) 단순한 인과관계

원인과 결과를 분명하게 구분할 수 있는 경우로, 어떤 원인이 앞에 있어 여기에서 결과가 생기는 인과관계를 의미하며, 소매점에서 할인율을 자꾸 내려서 매출 share가 내려가기 시작하는 경우가 이에 해당한다.

(2) 닭과 계란의 인과관계

원인과 결과를 구분하기가 어려운 경우로, 브랜드의 향상이 매출확대로 이어지고, 매출확대가 다시 브랜드의 인지도 향상으로 이어지는 경우가 이에 해당한다.

(3) 복잡한 인과관계

단순한 인과관계와 닭과 계란의 인과관계의 두 가지 유형이 복잡하게 서로 얽혀 있는 경우로, 대부분의 경영상 과제가 이에 해당한다.

사례연구 1

해결안이 여러 개라면?

아마존은 최근 왜 특정 우편물을 받은 고객들이 다른 고객들보다 더 많은 의류를 구입하는가하는 문제에 대한 조사에 착수, 4개월간의 측정, 분석과정을 끝마쳤다. 문제의 원인은 광고에 사용된 색상의 종류와 제지원료의 무게, 그리고 고객들이 우편물을 받은 간격과 관계가 있는 것으로 조사되었다.

이에 대한 해결방안을 만들기 위해서 팀 회의가 열렸을 때, A팀에서는 분석된 원인을 바탕으로 고객들에게 더 화려한 색상의 종이에 매달 마지막 목요일에 우편물을 받아볼 수 있도록 하면 된다는 해결안을 제시하였다.

그러나 B팀은 색상의 종류, 제지원료의 무게, 고객들이 우편물을 받은 간격에 따른 다양한 해결안을 개발해서 브레인스토밍을 하였고, 고객의 연령에 따라 원하는 색상과 우편물을 받고자 하는 시기가 다른 것을 발견하였다. 이를 통해 다양한 색상과 우편물을 받는 간격에 대한 다양한 해결안을 제시하였다.

한참의 시간이 지난 후 우편물에 따른 고객들의 의류 구입 정도를 조사한 결과, A팀에서 발송한 우편물을 받은 고객보다 B팀의 우편물을 받은 고객들의 구매 액이 훨씬 많음이 밝혀졌다. 그리고 이러한 결과가 나오게 된 이유를 조사한 결과 B팀이 다양한 해결안 중에서 중요도와 실현 가능성을 고려해서 최적의 해결안을 선택했기 때문으로 나타났다.

해결안을 개발하기 위해서는 우선 문제 상황에 대한 여러 가지 해결책을 도출하는 것이 필요하다. 도출된 해결책 중에서 중요성과 실현 가능성을 고려한 평가를 통해서 어떤 해결안을 최종 해결안으로 채택할 것인가를 선택하게 된다. 최근 자신이 수행하고 있는 업무 상황에서 겪은 문제를 어떻게 해결했는지 과정을 생각해 보고, 다음 빈 칸을 채워보자.

1. 최근 수행했던 업무 중 발생했던 문제는?

2. 문제를 해결하기 위해 고려했던 해결안들은?

3. 문제해결을 위해서 최종적으로 사용했던 해결안은?

4. 여러 해결안 중 그 해결안을 사용한 이유는?

2. 문제해결 방안 의미와 절차

1) 문제해결 방안 의미

문제해결 방안이란 자신에게 문제를 해결하라는 업무가 주어졌을 때, 다양한 해결방안들을 찾게 되는데, 이때 어떤 해결방안을 우선 추진해야 하는지, 어떤 해결방안이 가장 효과적인지 밝혀내는 것을 말한다. 문제로부터 다양한 원인을 분석한 후에는 근본 원인을 효과적으로 해결할 수 있는 다양한 해결안을 개발하고, 개발된 해결안 중 최선의 해결안을 선택하는 것이 필요하다.

2) 문제해결 방안 절차

문제해결방안의 개발은 문제로부터 도출된 근본 원인을 효과적으로 해결할 수 있는 최적의 해결방안을 수립하는 단계이다. 문제해결 방안 개발은 해결안 도출, 해결안 평가 및 최적안 선정의 절차로 진행되며, 이러한 문제해결 방안 개발 단계의 절차는 다음 그림과 같다.

절차	해결안 도출	▶ 해결안 평가 및 최적안 선정
내용	문제로부터 최적의 해결안을 도출하고 아이디어를 명확화	최적안 선정을 위한 평가 기준을 선정하고 우선순위 선정을 통해 최적안 선정

[그림 12-2] 문제해결방안 개발 절차

(1) 해결안 도출

해결안 도출은 열거된 근본 원인을 어떠한 시각과 방법으로 제거할 것인지에 대한 독창적이고 혁신적인 아이디어를 도출하고, 같은 해결안은 그룹핑 하는 과정을 통해서 해결안을 정리하는 과정으로, 다음과 같은 절차를 거쳐 수행된다.

① 근본원인으로 열거된 내용을 어떠한 방법으로 제거할 것인지를 명확히 한다.
② 독창적이고 혁신적인 방안을 도출한다.
③ 전체적인 관점에서 보아 해결의 방향과 방법이 같은 것을 그룹핑 한다.
④ 최종 해결안을 정리한다.

(2) 해결안 평가 및 최적안 선정

해결안 평가 및 최적안 선정은 문제(what), 원인(why), 방법(how)을 고려해서 해결안을 평가하고 가장 효과적인 해결안을 선정해야 한다. 해결안 선정을 위해서는 중요도와 실현가능성 등을 고려해서 종합적인 평가를 내리고, 채택 여부를 결정하는 과정으로 다음과 같은 sheet를 이용할 수 있다.

해결책	중요도		실현 가능성			종합 평가	채택 여부
	고객만족도	문제해결	개발기간	개발능력	적용 가능성		
해결책 1							
해결책 2							
해결책 3							
해결책 4							

사례연구 2

조직 내에서 아이디어를 함께 개발, 수정하는 과정을 통해 개인별 성과를 합한 이상의 성과를 창출해내는 것이 '협력'의 효과이며 회사들이 중요한 문제해결을 위해 협력(업) 프로젝트를 진행하는 이유다. 이때 협력(업)을 통해 창출해낸 팀 공동의 성과가 곧 팀원 개인의 능력평가로 이어지며, 직장 동료, 상사와 일하는 과정, 즉 협력(업)에서 보여준 개인의 능력 또한 중요한 평가요소가 된다.

협력(업)능력 중 중요한 하나는 갈등을 조정하는 '코디네이터 역할'이다. 서로 다른 분야의 전문지식과 경험들이 모였을 때 충돌과 마찰이 발생할 수 있다. 이때 갈등을 조정하고 의견을 수렴하여 아이디어를 통합시키는 역할이 필요하다. 협업에서 '코디네이터'는 윤활유 역할이므로 중요한 문제해결 능력이다.

[출처 픽사베이]

1. 문제해결을 위한 협력을 잘 하는 방법은 무엇이 있을까?

____

____

2. 일상생활에서 협력을 통해 성과를 얻은 실제 사례를 적어보자

____

____

3. 문제해결 방안 실행 및 평가

문제해결 방안을 개발한 후에는 실행계획을 수립하고, 실제 해결방안을 실행한 후 평가를 하는 단계를 거치게 된다. 이러한 과정을 통해서 이전 해결방안을 수정 · 보완할 수 있으며, 결국 더 나은 해결방안을 수립할 수 있게 된다.

1) 실행 및 평가 단계의 의미와 절차

실행 및 평가는 해결안 개발을 통해 만들어진 실행계획을 실제 상황에 적용하는 활동으로 처음 장애가 되는 문제의 원인을 해결안을 사용하여 제거해 나가는 단계이다. 실행은 실행계획 수립, 실행, Follow-up의 절차로 진행되며, 이러한 실행단계의 절차는 다음 그림과 같다.

절차	실행 계획 수립 ▶	실행 ▶	Follow-up
내용	최종 해결안을 실행하기 위한 구체적인 계획 수립	실행 계획에 따른 실행 및 모니터	실행 결과에 대한 평가

[그림 12-3] 실행계획 수립 단계 절차

2) 실행계획 수립

실행계획 수립은 무엇을(what), 어떤 목적으로(why), 언제(when), 어디서(where), 누가(who), 어떤 방법으로(how)의 물음에 대한 답을 가지고 계획하는 단계로, 자원(인적, 물적, 예산, 시간)을 고려하여 수립해야 한다. 실행계획 수립 시에는 세부 실행내용의 난이도를 고려하여 가급적 구체적으로 세우는 것이 좋으며, 각 해결안별 구체 실행계획서를 작성함으로써 실행의 목적과 과정별 진행 내용을 일목요연하게 파악하도록 하는 것이 필요하다.

3) 실행 및 Follow-up

실행 및 Follow-up단계는 가능한 사항부터 실행하며, 그 과정에서 나온 문제점을 해결해 가면서 해결안의 완성도를 높이고 일정한 수준에 도달하면 전면적으로 전개해 나가는 것이 필요하다. 즉 pilot test를 통해 문제점을 발견하고, 해결안을 보안한 후 대상 범위를 넓혀서 전면적으로 실시해야 한다. 특히 실행상의 문제점 및 장애요인을 신속히 해결하기 위해서 monitoring체제를 구축하는 것이 바람직하며, 모니터 시에는 다음과 같은 사항을 고려해야 한다.

① 바람직한 상태가 달성되었는가?
② 문제가 재발하지 않을 것을 확신할 수 있는가?
③ 사전에 목표한 기간 및 비용은 계획대로 지켜졌는가?
④ 혹시 또 다른 문제를 발생시키지 않았는가?
⑤ 해결책이 주는 영향은 무엇인가?

사례연구 3

5년 만에 바뀐 인재상… 도전정신보다 소통과 협력

국내 100대 기업이 꼽은 인재의 첫 번째 덕목이 5년 새 '도전정신'에서 '소통과 협력'으로 바뀐 것으로 조사됐다. 대한상공회의소가 27일 국내 매출액 상위 100대 기업의 인재상을 분석한 결과, '소통과 협력'을 인재가 갖춰야 할 역량으로 꼽은 기업이 63개사로 가장 많았다.

기업이 원하는 인재상은 5년 전과 크게 달라졌다. 기업 구성원의 '소통과 협력'은 문제해결을 위한 중요한 요소다. 2013년 7위에서 6계단 오른 1위로, '원칙과 신뢰'는 5위에서 3위로 올랐다. 5년 전 인재가 갖춰야 할 1위 덕목으로 꼽혔던 '도전정신'은 4위로 밀려났고, '주인의식'은 2위에서 5위로 떨어졌다

대한상의 관계자는 "직원은 상사를 소위 '꼰대'로 인식하고 상사는 직원을 자기 것만 챙기는 '요즘 애들'로 치부하는 경향이 심해지는 등 기업 내 소통에 심각한 문제가 나타나는 현상이 반영된 것"이라며 "최근 기업 채용에서 소통과 협력이 기업의 문제해결을 위한 주요 역량으로 등장하는 이유"라고 말했다.

[출처: 2018년, 한국경제신문]

위의 사례에서 소통과 협력이 1위로 뽑힌 이유는 무엇인가?

핵심내용 요약

1. 원인 분석은 이슈 분석, 데이터 분석, 원인 파악의 절차로 진행된다. 핵심 이슈에 대한 가설을 설정한 후, 가설 검증을 위해 필요한 데이터를 수집 · 분석하여 문제의 근본원인을 도출해 나가는 것이다.

2. 문제해결 방안 개발은 해결안 도출, 해결안 평가 및 최적안 선정의 절차로 진행된다.

3. 문제를 도출한 후에는 선정된 핵심문제에 대한 잠재원인과 근본원인을 찾기 위한 원인 분석 단계를 거친다.

4. 문제해결 방안을 개발한 후에는 실행계획을 수립하고, 실제 해결방안을 실행한 후 평가를 하는 단계를 거치게 된다.

5. 실행계획 수립은 무엇을(what), 어떤 목적으로(why), 언제(when), 어디서(where), 누가(who), 어떤 방법으로(how)의 물음에 대한 답을 가지고 계획하는 단계로, 자원(인적, 물적, 예산, 시간)을 고려하여 수립해야 한다.

MEMO

사후평가

체크리스트

직업기초능력으로서 문제해결능력을 학습한 것을 토대로 다음 표를 이용하여 자신의 수준에 해당되는 칸에 ✔표해 보자.

구분	문항	매우 미흡	미흡	보통	우수	매우 우수
문제해결능력	1. 나는 문제처리능력의 중요성을 설명할 수 있다.	1	2	3	4	5
	2. 나는 문제해결절차를 설명할 수 있다.	1	2	3	4	5
	3. 나는 문제 인식의 의미와 절차를 설명할 수 있다.	1	2	3	4	5
	4. 나는 문제 도출의 의미와 절차를 설명할 수 있다.	1	2	3	4	5
	5. 나는 원인 분석의 의미와 절차를 설명할 수 있다.	1	2	3	4	5
	6. 나는 해결안 개발의 의미와 절차를 설명할 수 있다.	1	2	3	4	5
	7. 나는 실행 및 평가의 의미와 절차를 설명할 수 있다.	1	2	3	4	5
	8. 나는 문제해결절차에 따라 실제 발생하는 문제를 해결할 수 있다.	1	2	3	4	5
사고력	1. 나는 창의적 사고의 의미를 설명할 수 있다.	1	2	3	4	5
	2. 나는 창의적 사고의 개발방법을 설명할 수 있다.	1	2	3	4	5
	3. 나는 논리적 사고의 의미를 설명할 수 있다.	1	2	3	4	5
	4. 나는 논리적 사고의 개발방법을 설명할 수 있다.	1	2	3	4	5
	5. 나는 비판적 사고의 의미를 설명할 수 있다.	1	2	3	4	5

	6. 나는 비판적 사고의 개발방법을 설명할 수 있다.	1	2	3	4	5
	7. 나는 사고력을 발휘하여 실제 발생하는 문제에 대한 다양한 의견을 제시할 수 있다.	1	2	3	4	5
	8. 나는 사고력을 발휘하여 실제 발생하는 문제를 해결할 수 있다.	1	2	3	4	5
문제처리 능력	1. 나는 문제처리능력의 중요성을 설명할 수 있다.	1	2	3	4	5
	2. 나는 문제해결절차를 설명할 수 있다.	1	2	3	4	5
	3. 나는 문제 인식의 의미와 절차를 설명할 수 있다.	1	2	3	4	5
	4. 나는 문제 도출의 의미와 절차를 설명할 수 있다.	1	2	3	4	5
	5. 나는 원인 분석의 의미와 절차를 설명할 수 있다.	1	2	3	4	5
	6. 나는 해결안 개발의 의미와 절차를 설명할 수 있다.	1	2	3	4	5
	7. 나는 실행 및 평가의 의미와 절차를 설명할 수 있다.	1	2	3	4	5
	8. 나는 문제해결절차에 따라 실제 발생하는 문제를 해결할 수 있다.	1	2	3	4	5

평가 방법

체크리스트의 문항별로 자신이 체크한 결과를 다음 표를 이용하여 해당하는 개수를 적어보자.

학습내용	점수	총점	총점 / 문항 수	비고
문제해결능력	1점 × (　　)개		총점 / 8 = (　　)	1~2장
	2점 × (　　)개			
	3점 × (　　)개			
	4점 × (　　)개			
	5점 × (　　)개			
사고력	1점 × (　　)개		총점 / 8 = (　　)	3~10장
	2점 × (　　)개			
	3점 × (　　)개			
	4점 × (　　)개			
	5점 × (　　)개			
문제처리능력	1점 × (　　)개		총점 / 8 = (　　)	11~12장
	2점 × (　　)개			
	3점 × (　　)개			
	4점 × (　　)개			
	5점 × (　　)개			

평가 결과

평균점수
3점 이상: 우수
3점 미만: 부족

평가 수준이 '부족'인 학습자는 해당 학습 모듈의 교제를 참고하여 다시 학습 하십시오.

참고문헌

공선표(2008), 생각 창조의 기술, 리더스북.

금진호(2017), 자기개발능력, 양성원.

금진호(2019), 창업과 4차산업, 양성원.

김동규(2003), 카피라이팅론, 나남출판.

김상수(2009), 문제해결 노하우 2, 고려아카데미컨설팅.

김상수(2013), 창의적 문제해결과 의사결정, 도서출판 청람.

김용규(2007), 설득의 논리학, 웅진지식하우스.

김용학(2017), 다가올 미래는 창의적 인재가 이끈다, 전민일보.

박경수(2015), 보고서의 신, 더난출판사.

박주용(2016), 문제해결, 학지사.

백기복(2007), 리더십 리뷰, 창민사.

시와다 노부시게(2006), 논리학 콘서트, 바다출판사.

우치다 카즈나리 지음, 보스턴컨설팅그룹 BCG, 보스턴컨설팅그룹(BCG) 옮김(2007), 가설사고, 생각을 뒤집어라(보스턴컨설팅그룹(BCG)식 문제발견 및 해결의 발상법), 3MECCA.COM.

유정식(2011), 문제해결사, 지형.

이광식(2011), 천문학 콘서트, 더숲.

이재희(2018), UP문제해결능력, 양성원.

이재희(2018), 문제해결능력, 양성원.

잡코리아 U(2014), 컨설턴트처럼 기획하고, 실행하라.

전성은(2006), 전성은의 창의사고력 기르기, 중앙일보 조인스카페.

조현아(2013), 찬반양론 들어보기, 게임중독법 YES or NO, DIGITAL INSIGHT TODAY 월별특집 & 기획, vol.198.

중앙일보(2016년 2월 3일), 일본의 야구선수 오타니 쇼헤이가 고등학교 1학년 때 작성했다는 만다라트 목표달성표.

진현, 강우란, 조현국(2012. 11), 기업 내의 조직창의성 모델, 삼성경제연구소 SERI 연구보고서.

페터 비에리 지음, 문항심 옮김(2015), 삶의 격, 은행나무.

피커 드러커 외(2004), 심영우 옮김. 의사결정의 순간, 21세기북스.

한국산업인력공단 NCS 학습모듈.

한국산업인력공단, NCS 문제해결능력 교수자용 워크북.

한국표준협회NCS연구회(2015), NCS직업기초능력평가 문제해결능력, 박문각.

[네이버 지식백과] 귀납법 [inductive method, 歸納法] (두산백과).

[네이버 지식백과] 귀납법 [inductive method, 歸納法] (두산백과).

[네이버 지식백과] 논리적 오류 Fallacies (두산백과).

[네이버 지식백과] 로르바흐의 브레인라이팅 발상법(아이디어발상법, 2014. 4. 15., 커뮤니케이션북스).

[네이버 지식백과] 변증법 [dialectic, 辨證法] (두산백과).

[네이버 지식백과] 연역법 [deductive method, 演繹法] (두산백과).

[네이버 지식백과] 연역법 [deductive, 演繹法] (두산백과)

[네이버 지식백과] 오스본의 브레인스토밍 발상법(아이디어발상법, 2014. 4. 15., 커뮤니케이션북스).

https://ko.wikipedia.org/wiki/MECE(위키백과, 우리모두의 백과사전, 2017).

찾아보기

저 | 자 | 소 | 개

▪ 금진호

한남대학교 대학원 교육학석사
전) 미래에셋 경영고문
현) 한국연금개발원 수석 연구위원, 목원대학교 창의교양학부 겸임교수
대전과학기술대학교 세무회계학과 겸임교수, 한국표준협회 NCS 전문위원
〈저서〉 조직이해, 인성과 의사소통, 4차산업혁명과 창의적 사고 외

▪ 김만석

한국과학기술원(KAIST) 경영학석사
미국 U.C. IRVINE 대학 금융공학 전공
전) KB국민은행 지점장, 월드콥터코리아(주) 재무이사
현) 한국영상대학교 겸임교수
〈저서〉 스마트한 투자학, 필승 취 · 창업노트, 창업과 경영실무 외

▪ 김형미

숙명여자대학교 교육학석사
가톨릭관동대학교 행정학박사 수료
현) 정선군청소년상담복지센터장, 세경대학교 사회복지과 겸임교수

▪ 최은주

충남대학교 경영학박사 수료
현) 대전과학기술대학교 초빙교수
〈저서〉 조직이해 외

▪ 박일순

건국대학교 대학원 경영학박사
현) 서경대학교 인성교양대학 교수
〈저서〉 소자본 창업론, 진로탐색과 인생설계, 자기계발과 인성함양 외

▪ 서현경

경기대학교 서비스경영전문대학원 서비스컨설팅박사 수료
현) 국제대학교 전임교수
〈저서〉 인성과 리더십, 성공적 사회 진출을 위한 인성과 예절,
교양인의 미래직업설계, 취업과 스타트업 외

▪ 최혜경

조선대학교 대학원 문학박사
현) 조선이공대학교 교양교육 교수
〈저서〉 대학생을 위한 논리적 글쓰기, 철학의 이해, 인성과 의사소통 외

AI보다 창의적인
문제해결능력

1판 1쇄 인쇄 ― 2023년 8월 21일
1판 1쇄 발행 ― 2023년 8월 25일

저　　자 - 금진호 김만석 김형미 최은주 박일순 서현경 최혜경
발 행 인 - 강성민
발 행 처 - 수양재
주　　소 - 경기도 파주시 검산로 173번길 29-12
전　　화 - 031-946-3863(代)
팩　　스 - 031-946-3864
이 메 일 - syjpub@naver.com
출판등록 - 2016년 6월 3일 제 406-2016-000069 호

ISBN 979-11-89457-31-0

정가 19,000원